繼承「窮習性」，害你股票失利、
錯失時機錢、邊努力邊漏財！

# 有窮爸爸你也能變富兒子

啟動「致富潛能」，
徹底扭轉錯誤「錢意識」，
讓貧窮不世襲、
富能過三代的富人心理學

李約瑟（이요셉）
金蔡松花（김채송화）——著
蔡佩君——譯

方言文化

# 前言 潛在「心理模式」，害人花錢如流水

你觀察過火車嗎？有些車是直達車，前進的速度很快；有些車是區間車，沿著各站緩緩前進。若沒有發生意外，基本上列車都不會脫離既有的路線。

我們的人生與其相似，會沿著我們決定的路線進行，脫離軌道是不常見的。不同的是，火車有明確的出發地與目的地，並且可以用分秒不差的速度奔馳在既定路線上，然而我們的人生，大多都在「**沒有目的地與方向**」中流逝。更令人惋惜的是，這世界上有許多人渾渾噩噩地生活著，根本不知道人生的方向在哪裡。我把這條路線，稱作「**人生模式**」——這條路線是固定的，倘若沒有發生特別的事，將會順著我們的慣性前進。

你有另一半，或者有男／女朋友嗎？這裡有個很不錯的方法，能夠檢視夫妻或戀人間的既有模式——

我的另一半一定要……

請在句子後方補上你的想法，「一定要賺錢」、「一定要溫柔」、「一定要替我做早餐」、「一定要幫我帶孩子」、「一定要能溝通」、「一定也要喜歡旅遊」等，從自己的立場出發，去檢視有幾項條件是你希望對方一定要遵守的。不要寫那些「有的話很好，沒有也沒關係」的事，要寫**「一定、必須」**的條件。

都寫好了嗎？相信當另一半無法遵守這些條件的時候，你一定會生氣而且跟對方發生嚴重爭執。認為「妻子一定要煮早餐」的丈夫，當發現妻子沒有準備早餐的時候，內心深處肯定會湧上滿滿的憤怒；認為「丈夫賺的錢一定要夠花」的妻子，在遇到丈夫無法達成要求的時候，一定也會滿腹牢騷。

這些模式的形成，並非丈夫或妻子的錯，它大部分起因於我們兒時的經驗或創傷。但這也不是指兒時的創傷，會持續折磨著已經成年的我們。

所謂**「模式」**，是在潛意識中發揮潛在影響力的，而大部分的人都沒有感覺。直到最後才發現，這是自己都沒意識到的心思在作祟，其實問題出在自己，而非另一半——人際關係中彼此的模式產生衝突時，就會發生爭執。

再來請填填看下面兩個句子吧！對於錢你有什麼想法？有想過用錢做什麼事是你無法饒恕的嗎？又或是你對金錢有什麼既定的念頭嗎？

> 金錢一定要……
> 例：錢一定要透過正規管道賺取、錢一定要聰明花費、錢一定要用來滾錢。
> 金錢一定不能……
> 例：錢一定不能浪費、錢一定不能拿來誤導別人。

**對金錢的想法，會左右賺錢和花錢的習慣**。接下來，我們會透過本書一起探討你對金錢的既定模式，也就是你的**「金錢模式」**（Money Pattern）。

潛在的慣性模式，會在不自覺的時候產生巨大的影響。倘若「金錢是邪惡的」、「我沒有賺錢的能力」這些聲音強烈地存在於你的潛意識，那麼現實中，你可能不太會賺錢；又或者即使賺到了錢，錢也會從你手上悄悄流走。如果你抱持著「賺的錢只要夠用就好」的想法，結果會怎麼樣呢？就是賺不到比夠用更多的錢。即便你擁有出眾的能力，也會因為這種思考模式，導致能力無法完全發揮。

貧窮、不幸，都是一種模式，而你充分具有能力去擺脫這些模式。只是擺脫固有模式，就像火車要從原本的路線換到新路線一樣，是浩大的工程。在轉換期裡，你得專注於完成自己的使命，不要有過多的想法，專心地讓事情順利進行。只要路線能夠被轉換，你就可以往新的路線奔馳前行。

我期望本書，就像是火車鐵路的「轉轍器」一樣，能夠幫助你找到新的人生方向。現在，就讓我們一起找出你對錢的固有模式，檢視這些金錢模式，一起轉換方法，通往幸福、富足的人生吧。

Contents

第三章

## 「窮心態」大改造，關閉「漏財缺口」有絕技



第四章

## 擺脫貧窮世襲，打造「金湯匙」的心理重建術

第五章

## 三步驟啟動「致富錢流」，花掉的錢加倍流回來



## 後記：健康金錢模式，為富饒人生打地基

第一章

# 五大錯誤「錢意識」，讓你掉入「窮忙」無底洞

最近業績衰退的通用汽車、西爾斯、IBM，原本都是世界數一數二的大企業。這些公司沒有發生致命的失誤，也並非經營者無能，他們只錯在花了太多時間固守過去成功的模式罷了。

——劉易斯．普拉特（Lewis E. Platt），前波音公司 CEO

## 揪出日常「窮思維」，啟動「富」能量第一步

每週一到週五，我不需要設鬧鐘就會在早上六點至六點半間醒來。一睜開眼，便會立刻起身去洗澡，然後吃早餐，接著到辦公室喝一杯咖啡。

每天早晨這一系列的活動，都是不需經過思考的行為，是長時間以來反覆進行所養成的慣性動作。上午我一般會先確認郵件，然後向各方撥打電話，接著做培訓等其他事項，再去吃午餐；下午則會盡可能先處理需要專注力的事情——這些是我的「行為模式」。行為模式已經成為一種習慣，不需要靠意識思考「我要做什麼」，身體就會自然隨著固定的流程動作。

何謂「模式」（Pattern）？字典解釋它是一種固定的型態、樣式或類型。

行為和思考都會產生固定模式，而且兩者都建立在規則、反覆且固定的前提下，當你遇到某一種情況便自然以類似的方式思考或行動，那就稱為模式。

但你知道嗎？不僅只有日常生活方面，我們對金錢也會產生相似的行為模式。例如你可能會說——

「那個人是小氣鬼。」

「那個人常常衝動購物。」
「那個人生活都很省，對旅費卻不手軟。」
「那個人為什麼只買看起來會賠錢的股票？」
「那個人買的房地產為什麼都賺？」

我們花錢與賺錢也有固定的模式，我將其稱作**「金錢模式」**。金錢模式指的就是你在賺錢與花錢的習慣上已經養成一種固定的型態，大致上可分為「富人金錢模式」和「窮人金錢模式」，依據其特徵又可細分為五大類。在正式探討金錢模式以前，請先透過接下來的診斷表找出屬於你的金錢模式。

## 金錢模式診斷

下頁是金錢模式的診斷表，選擇與你最接近的答案吧。最上面的五項情緒中，請先選擇平時待人或是對待金錢時你最常感受到的情緒，選擇後，方可開始診斷。

找出你的金錢模式後，請繼續閱讀後方的解釋。如果你長期以來都有不自覺且扭曲消極的一面，那最好跟著我一起治癒它，找出將其轉換成「富人金錢模式」的方法。

## 金錢模式測驗

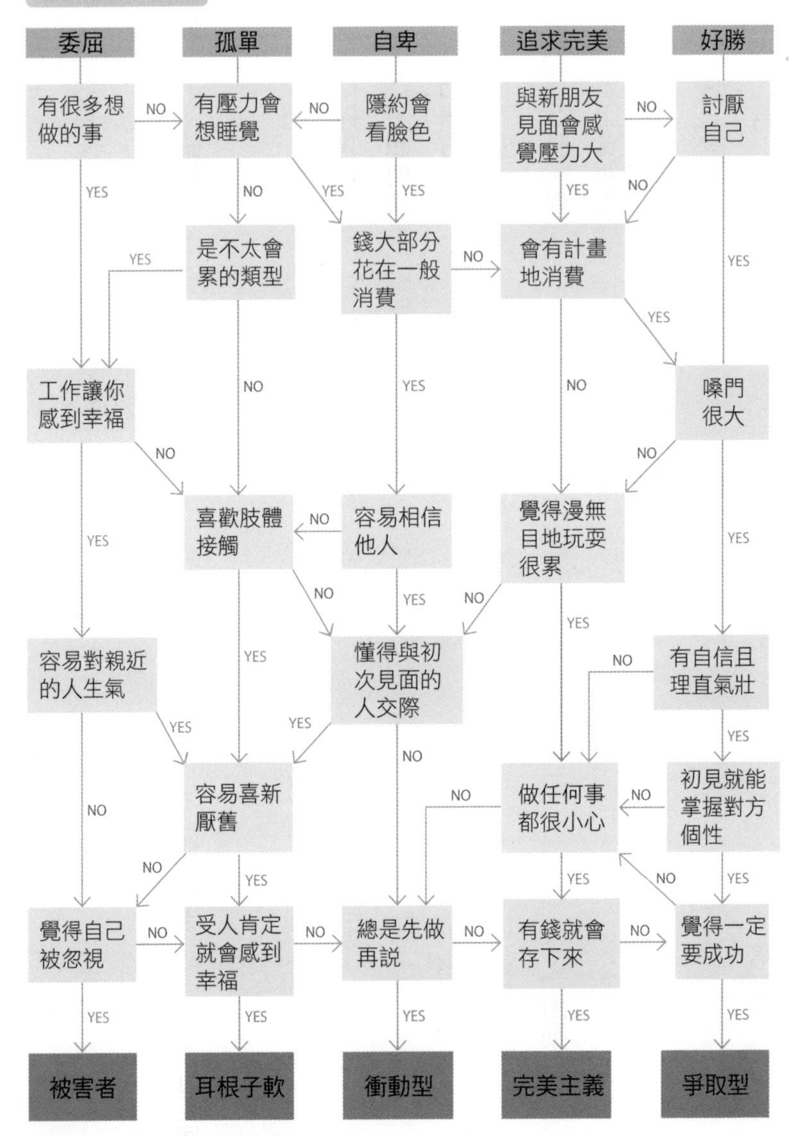


圖 1：由金錢模式指導中心提供

＊每個人心中都可能有一到兩種主要情緒

＊若有多種情緒角力，可能會在診斷表裡打轉

## 衝動型

**行為：**感覺一來就會立刻行動，屬於「先做再說」的類型。因此可能赤貧，也可能大富。賺錢的能力很強，賠錢的能力也不遑多讓。經常在還沒完全了解對方之前，就過度信任；或在情報不正確的情況下，便性急直接投資，因此容易損失金錢。這種類型容易出現在有委屈感的人身上。

**原因：**「打鐵趁熱」的急性子也可以套用在金錢觀上。可能是兒時父母曾有過金錢被剝奪的委屈事件，或是自己本身容易感到委屈。你的潛在情緒就是「委屈感」。受到過去經驗影響，為了想要快點獲得補償，總是無意識地急於投資。

**治療方法：**若想擁有富人金錢模式，就要學會等待。不要總是讓行動跑在最前方，而是得練習停下來；不要只仰賴直覺，而要學會找出正確的情報，並在找到與投資相關的正確資料後再加以行動。保留時間詢問專家建議也是一種很好的解決方法。如此一來，「衝動型金錢模式」將可以比其他類型更快轉變成富人金錢模式。

## 耳根子軟型

**行為：**因為人際關係，花錢總是如流水的金錢模式。這類型的人非常喜歡受到他人的肯定，有無條件相信他人的傾向，容易借錢給別人，或是會心甘情願地為人擔保。有時候比起自己的另一半，更依賴那些經常稱讚自己或對自己好的人。信任他人這方面與衝動型雖有幾分相似，但其程度比衝動型更為嚴重。

**原因：**潛在情緒是「孤單」。可能是兒時沒有從父母身上得到足夠的保護，體驗過如孤兒般被遺棄的感覺。相反地，兒時受到父母寵溺且過度保護，無法學習分辨是非對錯，以自我為中心的人，也很有可能是此類型。這些人不斷地想填滿不足的愛、想要在他人面前展現自己。在無形的影響之下，對他人產生了執著，因此錢只能不斷向外流。

**治療方法：**想要擁有富人金錢模式，最重要的就是重新樹立自尊心。回顧兒時孤單痛苦的記憶，用愛填滿當時的自己。必須察覺自己是珍貴、富有價值且被愛的存在。如此一來，才不會只透過人際關係賺錢，而是能進階成為一位兼具柔性與溫暖，且心態健康的有錢人。

## 完美主義型

**行為：**完美主義型對於賺錢與花錢都抱持著恐懼，只能儲蓄無法投資。雖然錢不會變少，但除了薪水以外沒有其他的收入來源，因此無法成為有錢人。他們的恐懼在人際關係上非常顯而易見，除了家人以外沒有廣泛的交流圈，對於小錢非常敏感。因為對投資的不安全感，總會花過多時間找正確情報，或因躊躇不前導致錯失良機。這是韓國人之中最常見的類型。

**原因：**完美主義型的潛在情緒是「恐懼」。兒時經歷的恐懼造成了創傷，導致長大後內心仍住著一位恐懼的孩子。對充滿恐懼感的人而言，能夠接受危險、付諸行動的情況只有一種——那就是冒險後的結果已可以被完全預測的狀況。如果不先解決恐懼，結果就是只能迴避金錢或維持現狀。完美主義型的人雖然聰明，但是在與金錢相關的方面卻無法發揮應有的能力。

**治療方法：**要擁有富人金錢模式，就要面對恐懼。要打破恐懼，必須利用刻意去陌生地方等方法，脫離日常生活。即便不完美也沒關係，試著在社群軟體或是網路社群中留言吧；嘗試不會損失本金的長期投資也不錯，如此一來財富也會逐漸增加。只要能治癒恐懼感，一定能成為有錢人。

## 被害者型

**行為：**不願意自己的金錢損失一分一毫，只要錢進到手裡絕對不外流。緊緊掌握金錢，甚至不知道要花在自己身上。手頭沒錢，就會一直怪罪他人，把各種行為都與金錢扯上邊，經常生氣。這種行為導致被害者型金錢模式的人，人際關係通常不太好。

**原因：**曾因兒時的貧困，經歷過丟臉的事件；或在極度吝嗇的父母教養下成長；又或者從小就必須扮演家長的角色。潛在情緒是「自卑感」，因此在心中奠定了錢會保護自己的想法。被「沒錢會被別人看不起」的成見所支配，無時無刻都在生氣。這種類型的人幾乎不會有金錢損失的情況。然而僅專注於金錢的傾象，會傷害到身邊的人，因此可能會發生被捲入訴訟等情況，反造成金錢上的損失。

**治療方法：**想擁有富人金錢模式，就要從人際關係中找到幸福。必須療癒兒時的記憶，並且在日常生活中懂得感恩。請接受錢無法守護你的事實，並學著開始環顧周遭並幫助別人，如此一來心理模式才會變得健康。最後只要接受信任的人的建議並開始投資，你過去緊握的錢財就會增加。

## 爭取型

**行為：**對金錢無畏無懼的類型。能看清錢，在人際關係裡也清楚明白何時要舉刀，何時要放下。但是因為過於強勢，有些人也會討厭此類型的人，所以可能會因為這群反對勢力而導致事業毀於一旦。

**原因：**兒時父母經商，或是在富有的家庭環境中長大，後來家道中落、有過吃苦經歷等。由於在良好環境下長大，學會很多東西，自然而然具備該如何賺錢的眼光。這個類型懷有強烈的欲望想重新創業，想透過金錢重新取回支配權。潛在情緒為「好勝心」。

**治療方法：**需要學習選擇與專注。雖然發掘了許多賺錢的方法，但精力也會因此分散。爭取型的人若想邁向富人金錢模式，就必須往共同體的方向靠攏。要積極地解決「自我中心主義」，以及想和其他人共同支配組織的取向。想要成功，就要以真正的領導姿態，努力變得更加成熟。

## 從口袋流走的財富

賺錢的方法其實比想像中少，像是坐辦公室或從事服務業，被某處所雇用、坐領月薪；或自行創業、投資；又或者有些人會選擇兼職。那麼花錢的方法呢？比起賺錢的方法更加多采多姿、千態萬狀。有些人會按照計畫消費，有些人則是心血來潮就想買點東西；有些人會慎重投資，而有些人則是聽到好情報就立刻跟風，「無條件投資」。

我是一個有固定「賠錢」模式的人。以前我也不自覺，但隨著自己開始研究金錢模式，我才發現過去投資的時候，我都會在類似的過程中反覆打轉，結果總是迎來失敗。

某天，有位以股票投資著名的友人聯繫上我。他為人細心，透過正確的分析與投資賺取了不少利益，因此我總是對他的投資理論深信不疑。

他向我推薦了一支被低估的中國股票：「這是一間非常優良且穩定的公司，但是一直以來都被低估了。如果你有閒錢的話，投資一下很不錯。我現在手上的資金不夠，沒有辦法投資。我給你這麼好的情報，如果賺到錢的話，就分我收益中的三〇%吧。」

我很感謝他願意分享這麼好的情報給我。剛好手上也有不少現金，所以我不管三七二十一就直接買了那支股票，然後一直期待著：「一年後我究竟會賺多少錢呢？」

然而，隨著時間過去，我開始有點慌了。我經常在報紙上看見關於那間公司的負面訊息，而股票價格也隨之開始迅速崩盤。有一天我猛然發現股價已經掉到剩下一半，面對如此巨大的損失，也只能趕快把股票賣了。

介紹我那支股票的友人，後來也很不好意思地說：「投資有七〇%機率成功，三〇%的失敗率，怎麼剛好這支股票就失敗了。」

這能怪誰呢？只能怪我自己聽別人的一句話，不經查證就直接投資。人本來就會樂以忘憂，我當時只有想到「增值」的一面，卻完全沒有預想到有「貶值」的可能。後來才想通「如果是這麼好的機會，他自己肯定會想方設法先投資再說吧」。

我每年都會舉辦數百次演講和講座，自然而然有很多機會認識他人，所以也容易接收到各式各樣的股票情報。然而與前例相似的情況總是反覆發生，我也自然而然認定「我就是沒有股票投資運的人」。這導致日後即便我聽到不錯的情報，這個既定印象也會成為我進行正確判斷時的阻礙。

有一次，一位和我有十年以上良好交情的企業顧問公司代表聯繫了我。他說，他和一位中小企業的會長一起去打高爾夫，這位會長在打球的時候透露了一些情報：「買我們公司的股票吧，然後我叫你賣的時候就賣。新聞馬上就會播我們公司要被中堅企業收購的消息了。」

企業顧問代表只有跟其他兩個人分享這個情報，一位是我；另一位是某大學的教授。我向代表致謝，感謝他與我分享如此珍貴的情報，可是我最終並沒有投資，甚至連再看一眼股市都不願意。

當時那間公司的股票只值六千韓元，但在幾個月後就上漲了一倍。我捶心肝、後悔至極；反觀買了價值一億韓元股票的大學教授卻是樂不可支。

## 被心理操控的金錢模式

關於金錢，你也有著什麼樣的模式嗎？只要能了解你的心理模式，一切就會明朗化了。

當你遇到一位二十幾歲的年輕人，開著十分帥氣的法拉利跑車時，你有什麼想法呢？是羨慕地想著：「那台車要多少錢？我死前能有機會搭一次嗎？」還是莫名感覺受挫，想著：「他爸媽應該很有錢吧？」抑或是心裡會冒出攻擊性的想法，想著：「乳臭未乾的傢伙竟然能開跑車？」又或者你不會有負面情緒，只會發出「哇！真的好帥」的感嘆呢？

一樣的情況，每個人卻都有不一樣的情緒反應。這種情緒發自於內心深處，是從潛意識裡直接湧上的。人類的潛在情緒大致可以分為**「委屈感、孤單感、恐懼感、自卑感、好勝心」**五大類，「潛在情緒」則是把他們系統化的用詞。潛在情緒是心理模式與行為模式的根基，對於攸關錢財的金錢模式也會造成偌大影響，對此我們於第三章會再深入討論。

仔細觀察人們的行為，會發現大多都出自於自然反應，而非經大腦思考過的舉動。「自然而然」換句話說就是「經由潛在意識而發生」。例如：初次見到某些人，你感覺這個人「是我的菜」——這不是源自於理論分析後的結果，而是來自一個你也說不清的依據。

當我們在下攸關金錢的決定時，潛在意識也會造成巨大的影響。有些人雖然很有能力，卻堅持要進小公司工；有人明明擴大事業規模就可以賺大錢，卻不想再擴張版圖，認為「這樣對我來說剛好」，滿足於當下；相反地，有些人明明已經有經濟困難，卻還是「忍不了內心的空虛」，把信用卡狂刷到薪水無法負荷的範圍。

那麼，我的金錢模式究竟是哪一種呢？藉由探討內心潛在情緒，並透過分析心理模式和行為模式後所得知的結果，發現我是「把努力賺來的錢拿去投資卻因此賠錢，或借錢給別人卻要不回來」的類型。雖然後面會再提及，不過在我意識到這件事之前，我真的一直在「賺錢然後賠錢」中不斷輪迴。

金錢模式是各種心理現象交互作用而成的。**「損失規避法則」**（Low of Loss Aversion）也屬其中之一，這條法則指出——面對損失時感受到的痛苦，比發生好事或得到兩倍利益時感受到的開心更為強烈。

因此，當自己擁有某項東西時，人們就會高估該物應有的實際價值，這稱作**「稟賦效應」**（Endowment Effect），它一樣也會對金錢模式產生偌大的影響。該效應是由曾榮獲諾貝爾經濟學獎的美國經濟學者理察．塞勒（Richard Thaler）所發現。他曾舉例——用五美元單價收購的紅酒，就算售出時可獲得五十美元以上收益，卻仍有人不願意出售。並由此總結：「人們有一種自我中心性，會對所擁有的事物賦予特別的價值。」

除此之外，還有**「沉沒成本」**（Sunk Cost），這個效應會讓人感覺「至今的努力太可惜」，因而執著於過去的時間、努力、金錢，導致無法做出理性的判斷。這個陷阱便會阻撓我們在理財上做最合理的決定。

選擇與行為會在不自覺當中，受到諸多心理現象的影響，並在潛意識中產生「現在這樣也不差，有必要改變嗎？」的想法。

## 和窮人模式訣別

讓我來說個很久以前的故事吧，那是我們夫妻倆剛新婚的時候。因為兩邊都不寬裕，我們甚至連互贈飾品都沒有。我幾乎算是什麼都也沒有地就結婚了，傢俱還是由以前在證券公司上班的妻子買齊的。

我們在岳父花六千萬韓元買進的大樓裡開始了新婚生活。只不過住了三年，就聽到大樓要重建的消息——當時房子的市價已經是一億兩千萬韓元。岳父告訴我只要給他六千萬，他就把房子轉到我的名下，給了我一個能用一半市價購入房子的大好機會。

我一直以來都認為「負債就是破產」。就算天塌下來，也不可能貸款買房子。像這樣的膽小鬼，能做什麼呢？想當然，我們搬離了那裡，而岳父直接把房子賣了。後來的重建由樂天建設承接，市價直接翻漲了四倍之多。

儘管有這麼多賺錢的機會，我卻屢屢錯過，究竟我的金錢模式是什麼？

其實，在我做這些選擇的背後，藏著一個無意識間會自動產生作用的扭曲心理。當時的我愚昧無知，不過更準確來說，是我對金錢的恐懼導致了這份無知。在我兒時成長過程中，經常會聽到「某某人借高利貸家破人亡」、「借錢還不了被抓走了」等話語。所以我始終害怕自己若借錢，也會淪為一樣的下場。

一直到後來，我才意識到借錢並不一定是壞事，而且甚至還有利用債務進行理財的「債務理財法」不是嗎？雖說沒有償還能力卻盲目借錢是不好的行為，但是如果確定能創造比貸款利率更高的收益，那麼債務也能夠成為資產。不斷避免欠下債務，搞不好只會像我一樣招致金錢損失。

金錢損失有很多種模式。有「因為害怕導致什麼都不敢做」的模式；還有「不想努力、只想快速賺錢而胡亂投資」的模式；也有「辛苦賺來的錢總是如水般流逝」的模式。有些人的金錢模式是為了想獲得肯定而努力；有些人是為了成功而努力；又有些人為了尋求安全感將錢緊緊握在手上，時刻警戒；也有些人為了滿足自我的消費欲望每每把錢花得精光。每個人的金錢模式，都以不同的方式呈現。

立刻觀察你自己的金錢模式吧！也許你也在不斷反覆的模式裡耗損金錢。待在那樣的模式裡，是絕對無法擁有富人金錢模式特質的。

慶幸的是，金錢模式可以改變，即便你目前仍然身無分文也完全沒關係。我見過許多為了創造出富人金錢模式，向內心探索並接受自我潛在意識，最後成功的案例——**認知自己的問題**是最重要的。

## 賺錢就是為了花？這樣想，不窮也難

錢究竟為何物？

如果分別問富人和窮人這問題，會得到這樣的回答——

- 富人：錢必須要維持在一定金額，或繼續增加。
- 窮人：錢是用來花的。

你的回答是哪一邊呢？真正的富人會用心管理金錢，努力讓它持平且增值，然而窮人卻只會把消費視為重點。對於那些不只是單純想賺錢，而是渴望**賺得更多且花得更多**的人，我稱之為「幸福有錢人」。因為我們賺錢的最終目的，就是為了活得幸福。

隨著我開始檢視自己的金錢模式，我發現了第一件要做的事，就是**「決斷」**——我下定決心不再以過去的方式繼續生活，這份決心激勵了我的行動力，不但對金錢的觀點開始改變，財務狀況也漸漸地越來越好。在這個過程中，我從富人身上學到了六點原則，下面將以親身故事舉例與你分享。

## 「健忘」的有錢人

第一點，**有錢人會很快忘卻過去發生過的壞事**。

我們在人生順遂的時候，總誤以為一輩子就會這麼順利下去，我也曾如此。一九九〇年代末，我是韓國第一位「笑容治療師」，創立了韓國笑容研究所。我透過「將趣味管理引進公司」等方法，在當時受矚目的領域中，以地位最高的專家、著名講師、諮商師的頭銜遠近馳名，光是講課每個月就可以有五千萬韓元以上的收入，底下還有七名員工——我就這樣享受了十幾年的全盛期。

然而隨著競爭者逐漸出現，我面臨到必須縮小事業規模的窘境，雖說苦難有其益處，但是那段時間真的很辛苦。

身為一家之主我必須養家活口，可是這把年紀還能做什麼？我心裡十分慌張。而我越不抱希望，就越只會發生令人絕望的事。

當我為了安撫自己的內心開始閱讀之後，終於有了新的發現。

那是哈佛大學經濟學教授戴維・蘭德斯（David S. Landes）所說的話：「這時代的有錢人都是樂天主義者，不是因為他們總是正確，而是因為他們抱持正面思考。他們甚至在自己做錯事的時候，仍保持著正向的態度。是正面思考使他們能達成目的、改進自己，最後走向成功的道路。」

亞洲大學心理學系名譽教師李珉圭，在著作《行動就是答案》*中說道：「我們的想法會決定行動，而我們的行動會決定命運。我們對自己的定義也會決定行動，然後甚至決定命運，這就稱作『自我定義效果』（Self-Definition Effect）」。

透過閱讀我獲得了這樣的洞見，讓我下定決心要揮別過去幾次財務失敗所帶來的負面思維。我決心改變金錢模式，重新整頓財務。

第二點，**富人會傾聽富人的建議**。

決心改變金錢模式後，我第一件做的事情，就是搬離原本居住的大樓。當時的我處於事業失敗的狀態，因此把四十七坪的公寓大樓和七十坪的辦公室都降價賣出，所剩的財產只有花幾億韓元租下來的傳貰房**。雖然是以比市價便宜一億韓元的價格住了下來，但還是覺得把一筆錢放在這裡太浪費了。

也是從那時起，我才開始閱讀房地產相關書籍，並學習做功課。我也特別向一群握有百億韓元以上房地產資產的人徵詢建議，然後發現了一個驚人的事實——他們的解決辦法幾乎如出一徹！

原來，他們也還會去傾聽其他有錢人的意見。

## 理財B計畫，不做賠錢投資

第三點，**有錢人都一定有B計畫**。

當有錢人開始付諸行動，他們會考慮各種可能的變數，預設好未來的對策。我也遵循這樣的原則，從位於首爾銅雀區的大樓搬去位在江西區佔地四十六坪的獨棟住宅裡，選擇了一間可以分租成四套傳貰房的多戶型住宅。

事實上要以租銅雀區大樓的押金買獨棟住宅幾乎是不可能的事，若是以前的我，別說搬家了，挑戰這件事我連想都不會想。然而當時的我絞盡了腦汁思考該如何用不足夠的錢繼續活下去——江西區住宅的所在地，因為重建計畫遭到延後，所以房價處於暫時下跌的狀態，而且該地段交通方便，附近就業機會也不少。我的B計畫是，假使該地沒有被劃入重建地區，我就蓋一棟內有套房和雙房的七層大樓。由此，我放棄了熟悉的生活，在一個新地方展開了新生活。

我有位朋友便買了一間位於龍仁的七十坪大樓公寓，他說那裡跟目前三十五坪房子的市價相差不大，所以二話不說就買了，他表示：「只要取出傳貰金中的四千萬韓元就可以買下，負

---

*《실행이 답이다》，더난출판사出版，二〇一一。

**譯註：「傳貰」是韓國特有的租屋型態，租客先繳交高額傳貰金（押金）給房東後，便不需要再繳納房租。

擔並不大。」

但是，投資金額小就代表他買了一間好房嗎？讓我們用有錢人的「B計畫原則」評估這間房子的活用度吧——透過依法這間房子是否能夠隔間，以及周邊的就業機會豐不豐富、傳貰房能否不間斷租出等條件來評估。當連第二條件都能夠被滿足的時候，代表你的金錢模式已經從總是賠錢的窮人模式轉變成富人模式了。

第四點，**有錢人專注於可能性**。

我現在住的房子，本來是一位住在江南塔樓宮殿的中醫師，持有了十年以上的房子。因為重建計畫推遲導致房價停滯，加上新租客讓他十分糟心，因而急於脫手。我當時的狀況不太好，但多虧考慮了各種狀況，經過深思熟慮後做出了決定，不到幾年房子就開始增值。若我的行為跟想法固守既往，至今可能還是一位每兩年就貸款一次，一直在提高傳貰金的蝸牛族。

然而另一方面，我也十分感嘆自己如果能早點開拓看見可能性的眼光，也許就能抓住更多機會了。

在我家對面過條馬路就會抵達的區域，有個故事——二〇一五年，售價三億五千韓元卻未售出的大樓，現在價值已超過十二億韓元。當時我們夫婦倆說著：「哪來的三億五千萬……。」錯過了這個大好機會。

其實當初只要用租銅雀區大樓的傳貰金，搬到馬路對街的大樓裡，我們的資產早就已經增加了好幾倍，而且還能用多餘的錢再進行投資。這就是有錢人與非有錢人思想上的差異，在這種情況下，有錢人會更專注於可能性。比起放棄，他們反而會去找尋辦法，思考「該怎麼做才能搬進那棟大樓裡」。

## 付諸行動，實現聰明消費

第五點，**有錢人不光會想，還會付諸行動**。

如果不行動，一切就都只是假象。有位四十多歲的女性，便透過金錢模式講座克服了對金錢的恐懼。她的女兒遠赴英國某大學讀書，她必須籌措一億兩千萬韓元支付女兒一年的學費和生活費。然而由於長時間投資做生意，手中現金流減少，讓她十分焦慮。

好不容易，那個苦惱的她，整頓了自己的心情：「如果有我遺失的、被搶的，或是連我自己都不知道的錢存在，錢啊！立刻回來我身邊吧！」

旁人也許會覺得這種想法是在搞笑。然而人類其實不只會思考，還能用言語將目標形象化，只要能持續想著目標，我們終究是能讓世界轉為理想的驚人存在。

奇蹟也發生在她的身上。某一天的睡夢中途，她突然想起以前投資美國股票的帳戶。她思忖著：「應該還有五千萬韓元左右在裡面吧？」

於是當時處於錙銖必較狀態的她，凌晨兩點爬起來向美國打了通電話。由於已經過了太久，連帳戶跟密碼都記不清楚了，但她還是決定試試看。

電話那頭的銀行行員說：「您太久沒有使用這個帳戶，本來明天預計要被凍結了。如果帳戶被凍結，想要恢復成正常交易帳戶就需要經過非常繁瑣的手續，真是太驚險了。」

而且最驚人的是，帳戶餘額竟然高達六千萬韓元。

驚人的事沒有因此停止，幾天後她的妹妹打電話給她說：「姊，妳明天有空嗎？晚上回家一趟吧。」

她在電話中非常不耐煩，因為妹妹打電話給她，通常都是要跟她借錢。

然而當晚，找她回家的妹妹竟突然遞給她一個白色信封。對她說：「姊，爸爸過世後我把地賣掉了。」

那筆錢的金額是六千萬韓元。接踵而來的奇蹟，讓她最後能夠安全繳出女兒的學費。

聽到這則故事的你有什麼想法？是直接否定，覺得：「怎麼可能！」還是可以理解，認為「這也是有可能的事，世界上本來就會發生很多不可思議的事」呢？就算我說這是真有其事，也會出現兩種不同的反應。

不過重要的是，如果你具有富人心態，那麼你的反應便會是「這也是有可能的」。雖然這個故事就像奇蹟一樣，也許一百個人裡面只有一個人，甚至一千個裡面只有一個人可能發生。

我堅持舉這麼特別的例子，是因為我想告訴你們富人金錢模式的**「行動力」**。有錢人不會只想不做，而是會透過積極行動找回手上沒有的錢、失去的錢，以及遺忘的錢。

案例裡的女性，一有想法就立刻行動，並透過行動找到奇蹟一般的結果。好好想想吧，你的人生中沒有發生過奇蹟的原因，是不是因為你自己呢？

第六點，**有錢人認為要投資，積蓄很重要**。

改變金錢模式後，我重新思考了「儲蓄」這件事。以前總是認為「銀行利息很低」，所以忽視了儲蓄的重要性。然而對於富人而言，儲蓄的目的並不是獲得收益。如果要投資就需要先有基金，也就必須要存到目標金額。對他們而言，儲蓄只是暫時將錢集中的手段。

問問你周邊的人有沒有儲蓄吧，我相信十之八九應該都會說他們根本沒有閒錢儲蓄。我以前也是那麼想。

「儲蓄？我有三個孩子，大的還出國留學，繳完學費哪來的錢儲蓄？」過去的我不知道，就是這樣的想法把我困在了貧窮的輪迴裡。開始儲蓄後，你必須把它納為一種消費習慣。要有投資，積蓄財產才得以增加——這正是走向富人金錢模式的起點。

頓悟了自身錯誤的金錢模式，並透過不斷改變人生，我現在把錢的意義看成是「增值」。在此之前，我都認為「錢是賺來的」，完全沒有想過錢可以**「透過管理而增加」**。終於，我已經站在富人金錢模式的起跑點了。

## 財富留不住，竟是「童年傷痕」惹的禍？

如果不改變自己的人生，變化絕對不會發生。如果你的金錢模式是窮人金錢模式，那就要想辦法將之變為富人金錢模式。可是為什麼我們沒有打從一開始，就擁有富人金錢模式呢？接下來，就讓我們來探究其原因吧。

我們家離五號線和九號線的地鐵站都只要五分鐘。搭地鐵的時候，我通常會先算好目的地和約定時間，不過我總是習慣搭九號線。因為要辦的事情，搭九號線的頻率比五號線高，所以養成了習慣。假如我的人生就像這樣，習慣往左邊靠攏，當我希望人生往右走的時候，就變得必須重新檢視腳步的方向。

如果你不去留意、煩惱人生，就會一直以習慣的方式前進。在這裡，「心理模式」扮演了很重要的角色，而心理模式有以下幾點特徵——

- **在潛意識中決定我們的行為**
- **過去壓抑的情感會一直留存**
- **比意識具有更強大的力量**

- **支配著我們的情緒、思考與行為**
- **習慣與行為模式會代代相傳**

所以，我們只能從此順著心理模式生活嗎？絕對不是。只要為舊有的心理模式穿上新衣，舊的模式也可以被新的模式而改變。

心理模式大多取決於兒時養育者的態度，被心理模式所左右的「金錢模式」也是如此。

## 落在雪地裡的薪水袋

我的父親是一名教師。當年教師的薪水非常低，以爸爸的單薪要養活六個孩子並不容易。母親是有錢人家的女兒，從小到大沒碰過一滴水，但因為家裡認為她是女孩子，所以不讓她繼續升學。聽說以前外婆發現偷偷穿著制服去上學的母親，就會在她面前將制服撕成碎片。把這視為是一輩子遺憾的母親，立下目標要把我們六個孩子全部送進大學，然而我們的經濟情況卻不允許。

在緊迫生計下辛苦讓孩子們學習的母親，經常向父親嘮叨薪水太少。六個孩子裡年紀最小的我，成長過程中經常看著父母因為金錢而吵架。

金錢模式是怎麼形成的呢？首先，**對金錢最初最強烈的記憶**很重要。這裡指的是一提到「錢」，腦海中便第一個浮現的想法。

小學一年級時發生的事，就深深地烙印在我腦海裡。那是一個寒冷的冬天夜晚，父母因為錢又發生爭執。那天好像是發薪日，母親因為黃色信封裡的錢太少，嗓門開始大了起來。火冒三丈的父親把薪水丟出了窗外。因為前一晚剛下過雪，整個世界都被染成了白色，錢就這樣被丟出去、在地上飄蕩。我跟姊姊怕珍貴的錢飛走，迅速地跑向門外，在吹著強風的黑夜裡，安靜地把四處飄散的錢撿起來拿回家。

當時還只是個八歲小孩的我，揉著因寒冷而變紅的雙手，在心裡想：「原來沒錢就會被瞧不起。」「原來人會為金錢而爭執。」

這種想法在我成長的過程中層層堆疊，直到大學畢業、進入社會，根植在我潛意識的這個想法仍然沒有改變。

隨著開始講課，我認識了很多有錢人，不過當時這個想法仍經常在我潛意識中發作。倘若要請他們吃飯，為了不讓自己漏氣，我總是故意挑昂貴的日式食堂。因為潛意識裡不想被瞧不起，結果常常花了份內以上的錢。

某天我跟一位CEO一起吃飯，總共吃了三十萬韓元。結帳時CEO對著打算付錢的我說：「今天我請客吧。不過有件事你一定要改——以後不管和誰見面、得到了什麼情報，都不可以像這樣花錢。在什麼位置就花什麼錢，可以的話盡量少花一點，這是賺錢最重要的方法。如果你的花費已經超出必要範圍，那你就要好好想想為什麼會這樣。」

一瞬間，我像是被雷打到那般，衝擊很大。他說的一點都沒錯！我既不是要表示謝意，也不是對他有什麼請求，為什麼賺的比CEO少如此多的我，要做這種消費？跟CEO道別後，回家的路上，過去許多事就像跑馬燈般閃過我的腦海，我這才驚覺自己已陷入了某種特定的金錢模式——我一直以來都把錢當作是建立自信心的手段。

## 錢、父親與我

金錢模式有多數情況取決於與父親的關係。也許你會想問：「錢跟爸爸到底有什麼關聯？」如果說在我們還無法為自己人生負責的幼年時期，爸爸是「主要提供」家庭經濟的人，這樣想應該就不難理解了吧？

父親與自己的關係，以及父親對待金錢、使用金錢的態度，都會根植在我們內心，無意識間產生巨大的影響。

當然每個家庭有不同情況，父親也不一定是主要負責提供經濟來源的人。那麼就注意自己與母親、兄弟姊妹、祖父母等家庭經濟支柱的關係，還有那個人對金錢的態度吧——改變你金錢模式的端倪就在那裡。

萬一你現在的經濟狀況不好，或是哪裡卡住了，那就必須首先診斷你和父母的關係。「我和父親（或其他經濟供給源）的關係還好嗎？」你要向自己如此提問，然後尋找解答。

我的故鄉在安東，是一個非常保守的地方。我上小學的時候，有次的班訓是「寡言」。現在回頭想想，還真是個不符合國小程度的班訓。然而當時不管是社區還是學校氛圍，包括我的父親，都非常保守及嚴肅。

我不知道為什麼經常在飯桌前被父親教訓，由於我又屬於比較固執的個性，所以經常被愛的教鞭打。仔細想想，我和父親的關係並不好。我可以開口向母親要錢，但絕對不敢向父親開口。長大以後與父親通話時，手也還會顫抖，甚至結巴，即便我的職業是幫大家找回自信心和自尊心的公眾講師，依然如此。

前面提過，我曾因事業出問題導致經濟困難，但即使當時我已經走到連孩子奶粉錢都拿不出來的地步，我也無法向父親伸手。

我從不曾在特殊節日回老家和父親單獨相處。甚至在三十幾歲、事業正風光的時候，我也沒有向在家鄉的親人們提過這件事。父親對我而言，就是一個想要逃避的存在。

後來我才驚覺，原來我對錢也有和對父親一樣的距離感。父親是我兒時的家庭以及個人經濟支柱，這也是一個想當然的結果，然而這份距離感竟然這麼長時間存在我內心深處、支配著我的人生，這件事仍然令我驚愕不已。

就像我想躲避父親一樣，我也在一直躲避金錢，所以才不管怎麼賺都留不住財富。父親與我的距離，就像是我與錢的距離那般。錢對我而言只不過是一種媒介，用以填補從父親身上得不到的情感。

## 停止「貧乏思考」，別再把錢往外推

不久前我舉辦了一個小班制的金錢模式講座。其中幾位參與者早已具有足以賺入大筆資金的條件和環境，可是他們的生活仍然不寬裕。他們就和以前的我一樣，無法好好發揮自身的能力與才華。

有一位跟我認識很久的友人，情況更是嚴重。他畢業於首爾大學，是活躍的部落客，同時身為韓國入學考試與學校相關的權位者。他最特別的是，只要有工作邀約進來，幾乎都一概拒絕。明明任誰看來他都是個能賺大錢的人，他卻對賺更多錢這件事興致缺缺。我實在太好奇其中的原因，所以邀請了他來參加講座。

### 「拒絕金錢」的心理模式

講座中會有一段觀察參與者金錢模式的時間。在這個過程中，他才發現自己具有無意識迴避金錢的心理模式。我跟其他人一起問了他許多問題，在努力之下他才終於作出下述回答——

「與知識相比，金錢比較低等。」

「有錢的話，人就容易誤入歧途。」

「沒有透過勞動就獲取金錢是不對的。」

連他也被自己的答覆給嚇到了，他從來不知道自己原來有這樣的想法。

為了改變第一和第二項金錢模式，我們不斷進行反覆問答。因為唯有將這些觀念一一擊破，才能夠讓新的心理模式取代既有的心理模式。

針對第三項心理模式的調整，我請了講座上其他參與者幫忙。在他開始新的體驗前，我必須先打破之前囚禁他的思想框架才行。我對眾人說：「請大家拿一點錢，交給這位朋友。請幫助他在這裡體驗到，其實不需要付出什麼特別的代價，也能夠獲取金錢。」

聽完這句話，其他參與者紛紛從錢包拿出五千、一萬韓元。加上我自己補貼的錢，一瞬間就有了二十幾萬韓元。

當我把錢交給他時，他有些難為情：「我什麼都沒有做，怎麼可以收這些錢，這樣我壓力會很大。」他戰戰兢兢，好一陣子不敢看那筆錢，也不敢將它放進自己的口袋裡。

我對他說：「就算沒有付出勞動，也可以賺錢，這是有錢人的系統。」

他靜靜地看著大家募集起來的錢，直到把那筆錢看作是禮物後，才終於收下。我確定他把錢收下後，補充道：「你不能把這筆錢捐給別人，或是用在他人身上。你可以吃想吃的東西，買想買的衣服……，總之一定要為自己而花。」

他笑了出來：「因為聽說平白獲得的錢一定要快點花掉，其實我剛剛真的打算要捐款。」然後表示自己一定會照著我的話做。

那天晚上，他傳了訊息給我說：「所長，我吃完Shake Shake的漢堡要回家了。」

他在講座中曾提到「平白獲得的錢一定要快點花掉」，你也有這種金錢模式嗎？這確實是常見的俗語之一——我從小就經常聽說，撿到的錢或是長輩給的錢都容易不見，一定要趕快花掉。但若你冷靜思考，就會發現這只是一句刺激衝動消費的錯誤想法。

假如換作是你，在講座上平白拿到了一筆錢，你會有什麼反應呢？我的話，就會把它當作禮物，以感激之心迅速地收下。然而有些人卻怎麼也無法收下，因為他們不認為這是禮物，而看成是日後要償還的債務，因此感到壓力，也阻斷了金錢的流動。

認為「賺太多錢會導致墮落」的心理模式也很常見，這通常好發在兒時曾因錢而產生家庭問題，或是家庭關係曾經不和睦的人身上。

**你不喜歡錢，錢就不會靠近你**——這就是金錢的特徵。我並非要你把錢視為珍寶，而是希望你能基於健康的價值觀，以正確的金錢模式喜歡金錢，這麼一來，你與周遭的人才會一起變成有錢人。

能量會吸引相似的人，樂觀的人會跟樂觀的人聚在一起；有錢人也會跟有錢人聚在一起。反過來說，貧窮的能量也會互相吸引，然後就會產生因壓力而逃避金錢的狀況。

美國著名作家沙提．蓋威（Shakti Gawain）在著作《活得輕鬆，活得精彩》*中提道：「金錢代表象徵與創造性的能量，金錢在我們人生中流動的方式，相似於我們生命能量流動的方式。金錢對我們造成的影響，反映了我們對待生命能量的方法。」

因此，如果賦予金錢正面能量，同時也會對人生產生正面影響。讓我們找到原動力，往更好的目標前進吧！這個原動力，也將會成為我們存錢的動力。

## 窮人思考，如何顛覆？

在剛才提到的講座中，為了對收錢感到猶豫和壓力的友人，我們正式展開了矯正作業。為了釣出那份藏在他內心深處，抗拒金錢的心理模式，我先問了他賺錢的相關經驗。

我問：「你有曾經在未付出肉體勞動，或出乎意料的情況下收到錢嗎？」

他回答：「有一次，我回老家幫爸爸照顧他的農田，突然收到了一封簡訊。它說我用自身專業所寫的書出版了，銀行帳戶突然多了幾千萬韓元的版稅，比我想像中還多。」

「當下你的心情如何？」

「心情真的很好。」

「你那時候有什麼想法？」

「原來不用拚死拚活工作也能賺錢，很驚訝。」

「那你是喜歡錢的吧？」

「呃……對，現在看來是這樣沒錯。」

深入挖掘友人的心理後，才發現他是這樣的——本來很喜歡錢，可是卻賺不到跟以前一樣多的錢，所以在內心築了一道牆，告訴自己：「金錢是比知識劣等的東西。」如果他承認自己「沒辦法賺得跟以前一樣多」，就代表藐視了自己的能力，所以才會出現「物質世界比精神世界低等」的自衛性思考。

同時，我綜合診斷了他的潛在情緒、心理模式與行為模式，以及和父親間的關係，矯正了他錯誤的金錢模式。幸虧他善於自我覺察，立刻就能意識到自己的金錢模式有什麼問題。

「再這麼下去，我的兒子也會有『認為金錢是壞東西』的心理，我的窮人金錢模式就會遺

---

＊ *Awakening A Daily Guide to Conscious Living*，王介文譯，躍昇出版，一九九八。

傳給他，貧窮也會被繼承。」在講座中頓悟的他，終於下定決心要擺脫父親遺留給他的窮人金錢模式。

兩天後，他傳了一封簡訊給我：「我投了一點錢進去ETF*。」

這就是金錢模式改變後帶來的成果。有錢並非就代表墮落，相較於精神世界也並非絕對劣等。他是如何獲得這種啟發的呢？

其實，只要親自體會過「不需要透過肉體勞動也能賺錢」就可以了——這為他帶來了新的收入來源，而且這項來源還是他自己開拓的。

不久後我聽到他開始跟別人一起籌劃工作。曾經這麼抗拒金錢的人，竟然選擇走上富人金錢模式之途了！

這個選擇富含了深遠的意義。窮人往往只有單一收入；但有錢人卻有多方收入來源，所以才因此賺更多的錢。如今他也在自己原本的工作基礎上，多添加一份收入來源了。

每個人都可能在成長過程中累積，或從上一代繼承了頑固且錯誤的心理模式及金錢模式，只不過還沒有察覺而已。千萬不能把貧窮當成命運天註定，從現在就開始改變吧。我們被賦予的並非貧窮，而是富饒的人生。我們是不論在財務、工作、健康、自我、關係等所有面向都可以恣意享受的珍貴存在。

## 脫貧不難，「富榜樣」能幫忙

接下來我要舉出一個用富人金錢模式，過得非常幸福的案例。這是某位我認識的老闆的故事，他在賺錢方面有著過人的能力。

他是被祖母帶大的，從小就一直聽著這樣的話長大：「錢是從人而來，所以要好好管理人際關係。」

這句從小不斷反覆聽到的話，成為日後他賺錢的原動力。他按照自己所學到的方法，在人際管理上下了不少功夫，然後透過人脈賺錢，這樣的金錢模式帶給他幾次成功的經驗後，成為了他的成功模式。

對他而言，錢不是透過努力獲得來的個人持有物。他認為把一部分的錢分享出去，是在未來創造更多財富的好方法。他經常說：「人脈是能馬上賺錢的管道。」他跟每個人都建立良好的關係，並且有著能讓每個人都感到幸福的優秀才能。他得知有位朋友的夢想是「騎著摩托車穿越沙漠」，於是幫朋友實現了夢想。因為他知道先擄獲人心，就能獲得更大的報酬。

每次與他見面都是以好心情散會，只要見到他，我就會感覺自己好像是「很厲害的人」。

---

* Exchange Traded Funds，指數型證券投資信託基金。

他並沒有滿口稱讚，但我就是感覺有一股「好像什麼都可以做到」的勇氣，從內心深處蜂湧而出。因為他帶給我這種感覺，我自然就會想幫他做點什麼。

那位代表就像是我心中的模範解答，有著我想效仿的富人形象。

現在輪到你了，問問自己吧：「有人教過我創造財富的模式嗎？如果家人之中沒有這樣的人，那麼周遭有可以尋求建議的有錢人嗎？如果他不是特別有錢的人，那麼是某個程度上會拓展自己財富的人嗎？或者他是擁有富人心理的人嗎？如果身邊沒有適合的人，你手邊有他們寫的書嗎？」

專門研究全世界富翁的金融家湯姆．科利（Tom Corley）在著作《習慣致富》*中，為了研究閱讀與財富的關係，調查了兩百二十三位有錢人和一百二十八位窮人的閱讀習慣。研究結果指出，八八%的有錢人每天會花三十分鐘以上閱讀書籍，窮人卻只有二%；喜歡閱讀與否的調查中，八六%的有錢人表示喜歡，窮人卻只有二六%；其中六三%的有錢人在上下班路途中，會在車上播放有聲書，然而窮人卻只有五%。

其實大部分經濟上成功的人士都是讀書狂人。蘋果創辦人，被稱為二十一世紀創新標竿的史蒂芬．賈伯斯，作品開發與行銷的點子都源自於古典名著，他將自己的成功歸功於書籍。

他說：「我的創作源泉來自於大學時期從『古典名著百卷閱讀計畫』中所閱讀的書籍，這對我的創意產生偌大影響。」

幾年前我見過一位CEO，他歷經幾次事業失敗，當時幾乎身無分文，但最後還是東山再起，成功擔任一間居家購物公司的高階職位。我問他秘訣為何，他說破產後很辛苦，但是看著妻子孩子，覺得自己必須重新活下去。

他去了圖書館，挑了有關財富的書籍閱讀，然後從早到晚，不斷閱讀著關於有錢人信念與行為的書籍，他由此獲得了日後繼續活下去的動力。他不僅閱讀，還為了讓自己養成跟富人一樣的習慣，改變了說話和行為模式。透過這樣的轉變，讓他得到了東山再起的機會。

如果父親不是有錢人，你認為沒辦法從他身上學習，那麼我們就必須去找出模範。如果還是找不到，至少也要透過書籍或YouTube找出學習典範才行。記住，當窮人金錢模式被富人金錢模式取代，變化才正要開始！

---

* *Rich Habits Poor Habits*，羅耀宗譯，遠流出版，二〇一九。

第二章

# 解密「富習慣」，有錢人到底哪裡不一樣？

窮人為錢而工作，富人讓錢為自己而工作。

——《富爸爸．窮爸爸》作者，羅伯特．清崎（Robert Kiyosaki）

# 聰明致富有捷徑，「熱情」程度是關鍵

你是潛在的有錢人嗎？也許你自己也不知道答案吧。那麼就讓我來問其中一個能夠作為判斷標準的問題吧：**「負債是財產還是債務？」**

如果能使你的財產立即增加，那麼負債就是財產。但卻有不少人害怕負債，也有許多人對於借錢投資感到不寒而慄並拒之千里。

幾年前，我也是這些人之中的一位，我認為借錢就等同於債務。我雖可以借錢給別人，卻對向別人伸手這件事萬分警戒，甚至連信用卡都拒絕申辦——這樣的心態導致我錯過了許多絕佳的投資機會。

像我那樣無條件對負債拒之千里的態度，會成為增加資產的阻礙。當然，無條件把負債當作資產看待也是有問題的。

那是十年前的事了。當時正屬賺錢的好時機，我月收入平均有三千多萬韓幣。有一次，我為了去某企業講課，必須前往濟州島，當時我帶著全家人順便一起去旅行。

課程結束後，我們叫了一台私人計程車，打算去觀光。因為出發前，友人建議我：「既然都去了，乾脆多花點錢找台私人計程車吧，那裡的司機們都對濟州島瞭若指掌，旅行會因此錦上添花。」

根據友人的情報指出，濟州島很多有錢人都從事個人計程車一職，他們大部分都是濟州島的地方知名人士，可以很快獲得各種第一手情報。

果然，旅行中遇見的司機就向我透露了一個好情報：

「如果我有三千萬韓元的話，我就會買那塊地。」

「那塊地？為什麼？」

「一個月，後那塊地會被劃進濟州市行政區裡，地價會跟著水漲船高。」

「發生的機率高嗎？」

「百分之百，一個月後就會投票。」

**情報是成功的捷徑**，但當時我非常猶豫要不要投資，結果也並沒有投資。如果要買那塊地，手上就必須要有三千多萬的現金，當時我手頭並沒有這麼多錢。

不過其實那時我每個月有將近三千萬左右的收入，我大可利用短期貸款或是跟認識的人周轉去買下它，但是我不願意。結果就像司機先生所說的，一個月後那塊地被納入濟州市，地價翻漲了一倍。

這個例子讓我們學到了什麼？**想要成為有錢人，就要懂有錢人的思維與行動。**

現在就讓我們來看看，窮人和富人有什麼區別吧。簡單來說，有錢人**具有研富熱、價值觀很明確、懂得想像、相信自身運氣很好、會活用自身的特質**，而窮人卻與之相反。接著就讓我們仔細地拆解上述每一項要點吧。

## 何為「研富熱」？

有錢人有著創造財富的心理模式；窮人卻有著創造貧窮的心理模式。事實上，從兒時開始我們的所聽所聞，都對心理模式造成非常大的影響。

許多有錢人都曾經歷過富饒時期——有些家中代代是有錢人，或是過去曾經富有過。就算他們父親可能最後經商失敗而破產，一直活在貧窮裡的人和曾經富裕過的人，就是會出現不同的行為。

曾經富裕過的人會認同而且把「賺錢很簡單」、「只要稍微努力就能賺到錢」掛在嘴邊。反之，貧窮的人則經常認為「賺錢談何容易？」、「他跟我是不同世界的人」、「遇錯父母也是沒辦法的事」，藉此安慰自己的現況。

不管你是否曾在寬裕的環境下成長，或是有無過致富的經驗，現在的你如果想改變，就要先診斷出自己的金錢模式，去改善、學習有錢人的豐饒心理模式。

倘若你想要擁有富人金錢模式，那麼你首先就需要有**「研究財富的熱情」**，也就是所謂的**「研富熱」**。

何謂熱情？那是為了獲得想要的東西或達成目標，確實並持續努力的力量。通用電氣（General Electric Company）前任執行長傑克・威爾許（Jack Welch）曾經這樣形容熱情的重要性：「與其選擇一個熱情不足的天才，不如選擇一個充滿熱情的一般人才。」

熱情是推動成功最有力的引擎。美國充滿傳奇性的投資者、一九三〇年出生的華倫・巴菲特就說過一句名言：「我至今仍然每天跳著踢踏舞去上班，我真的很愛我的工作。」

微軟創辦者比爾・蓋茲也有不亞於巴菲特的熱情，他曾說：「每當我睜開眼睛，就在想『今天我所開發的技術會為人類帶來什麼樣的變化？』然後為此興奮無比、充滿能量。」

想把書讀好，就必須要有讀書的熱情；想要很會運動，就必須有運動的熱情。同樣地，如果真的想成為有錢人，你就必須要擁有研究財富的熱情——這正是往富人金錢模式邁進的關鍵起點。

現在，就讓我們用下面表格來診斷你的研富熱吧。

請閱讀下列問題，並在符合的框框內打勾。

**研富熱診斷表**

| 問題 | 非常符合 | 符合 | 還算符合 | 不太符合 | 完全不符合 |
|---|---|---|---|---|---|
| 1. 你想賺錢嗎？ | | | | | |
| 2. 你認為自己運氣好嗎？ | | | | | |
| 3. 你跟父母的關係好嗎？ | | | | | |
| 4. 父母曾經富有過嗎？ | | | | | |
| 5. 周遭有富人朋友嗎？ | | | | | |
| 6. 有管道能獲取賺錢相關的情報嗎？ | | | | | |
| 7. 會讀理財相關書籍嗎？ | | | | | |
| 8. 具有金融知識（股票、基金、房地產、智慧財產權……等）嗎？ | | | | | |
| 9. 周邊有可以幫你的人嗎？ | | | | | |
| 10. 有自信能夠下定決心嗎？ | | | | | |
| 11. 內心認為自己的存在重要嗎？（自尊感） | | | | | |
| 12. 認為自己的財務狀況有在漸入佳境嗎？ | | | | | |
| 13. 認為只有賺錢才具有確切價值？ | | | | | |
| 14. 為了投資有在儲蓄投資基金嗎？ | | | | | |
| 15. 兒時有關於錢不好的回憶嗎？ | | | | | |
| 16. 有三種以上的收入來源嗎？ | | | | | |
| 17. 除了勞動收入以外有被動收入嗎？ | | | | | |
| 18. 為了幸福經常展開笑顏嗎？ | | | | | |
| 19. 有把收入一部分拿去捐款嗎？ | | | | | |
| 20. 為了減少支出有開始計畫消費嗎？ | | | | | |
| 21. 若有債務的話，你有在還嗎？ | | | | | |
| 22. 對錢有正面的想像嗎？ | | | | | |
| 23. 有想存到的目標金額嗎？ | | | | | |
| 24. 不賺錢也能夠寬裕地過上一年嗎？ | | | | | |
| 25. 每天都在期待並宣示自己的財務狀態會變好嗎？ | | | | | |
| 26. 有透過投資賺過錢嗎？ | | | | | |
| 27. 有透過喜歡的工作賺過錢嗎？ | | | | | |
| 28. 對自己有確切的認同感嗎？ | | | | | |
| 29. 你現在認為自己是有錢人嗎？ | | | | | |
| 30. 你認為賺錢很容易嗎？ | | | | | |
| 打勾的數量 | __個 ×5分 | __個 × 4分 | __個 ×3分 | __個 ×2分 | __個 × 1分 |
| 個別分數 | 分 | 分 | 分 | 分 | 分 |
| **加總** | | | | | 分 |

分數加總後，請在下表的結果中，找到與自己總分相對應的部分並加以閱讀。

你的研富熱分數是幾分呢？千萬不要因為分數太低，就感到失望及受傷。這個分數馬上就會成為過去式，沒必要對其耿耿於懷。「研富熱」的類型，只要你想，隨時能改變。

檢視自我研富熱的同時，請一定要銘記以下兩點——❶了解富人與窮人的想法差異後，再回頭檢視自己；❷學習富人的心理模式，讓那成為你自己的模式。

## 享受型：了解財富的強者

你的診斷分數在一百三十分以上嗎？是的話，你已擁有「下定決心就能賺大

| 分數 | 結果 |
|---|---|
| 130 分以上 | **享受型研富熱：**你目前已經享受著財富，或是正在走往成為幸福有錢人的路上。有穩定的基本素養，已經可以成為傳授或教導他人財富相關知識的導師。 |
| 100 分以上 | **征服型研富熱：**已經準備好要實踐各種成為富人的方法。再更關注於財富的分享，朝著與他人共創雙贏的局面前進，很快就能升級為享受型研富熱。 |
| 80 分以上 | **潛力型研富熱：**你的金錢模式具有潛力。透過反覆閱讀診斷表確定還需增進的地方，然後徹底認知問題並加以改善，就可以往征服型研富熱邁進。 |
| 60 分以上 | **選擇型研富熱：**你必須選擇要往富人金錢模式邁進，或是繼續停滯在窮人金錢模式裡。你滿意這種安逸卻滿腹牢騷的人生嗎？選擇取決於你自己。 |
| 40 分以上 | **沉睡型研富熱：**你具有扭曲的心理模式，建議馬上改善，你有權享受健康的金錢模式。 |

錢」的心理模式，而且也達到某種程度上的富有了。這樣的人具有找到「能賺錢之事業」的才能，也擁有看著父母經商或投資的經驗。

如果你身邊有富人朋友，試著想想他們吧。不管是因為繼承遺產而富裕、自己白手起家成為有錢人，還是透過投資或房地產致富的人，他們兒時都有個共同點，就是——**曾經在某處見證過富有**。即便不是自己親身經歷過富裕，他們心中還是具有富人經驗值。

幾年前，我見過一位身為幸福有錢人的二十七歲青年，他屬於「享受型研富熱」。高中畢業後，他立刻取得了房地產經紀人證照，然後以它為基礎從事了各種事業，當時的他已經為自己打造出每個月三千萬韓元左右的收入網。

在他分享故事的途中，我問了他一個問題：「聽說你在學校時成績是最後一名，跟在現在差異很大。你當時在學校沒有因此喪氣嗎？」

他回答我：「完全沒有。讀書和自信心沒有任何關係，我從來沒有因此覺得丟臉或是沒自信。還有，我從來沒有考過最後一名，我真的很想當最後一名試試看，但總是只考倒數第二，在學校吊車尾的朋友另有其人，哈哈！」

直到那時我也才認知到讀書只是才能的其中一種，不過當時的我以為那和自信與能力，也就是所謂的「自我效能」有所關聯，因此才會無意間拋出這種問題。

聽完這位青年的回答，我又問了另一個問題：「您的父母親沒有說什麼嗎？」他說：「是的。我的父母親事業做得很大，但是從來沒有因為成績責備過我。反而是我有什麼想做的事，都會支持。」

多虧那位青年，我有了很大的醒悟——自信感與自尊心和成績完全沒有關係，還有他的成功秘訣承傳於父母。

青年的父母在他高中三年級的時候破產，他當時迎接了一個人生轉換期。由於他需要找一個能安置自己的地方，所以去考了房地產經紀人證照。畢業後他找了幾個朋友一起去工地做苦力——因為一個人存投資基金要花太多時間，所以為此找了幾位幫手。

幾個月後，一存到投資基金的他，立刻就轉而投入了別墅酒店事業。當時韓國正開始實施週休二日沒多久，他判斷若以週末前往近郊旅遊的旅客作為目標客戶，旅遊業便有利可圖。於是他用投資基金買下一間老舊的小別墅酒店，為了節省金費，還自行整修、宣傳。

生意轉好之際，他便將小別墅以好價格轉賣，然後再轉買另一間規模更大的別墅酒店。透過如此不斷地買賣，漸漸創造出了巨額的財富。結果這位青年，才二十幾歲就已經透過咖啡廳收入、版稅收入、諮商收入等，為自己打造出每個月三千多萬韓元的系統性收入。

一年後，我重新遇見這位青年時，他更已經成為一位達成數億韓元銷售額的CEO了。

我甚至聽到了一個驚人的消息——他不久前剛將自己持有股份中的八〇%，分給了所有員工。

他說：「我認為賺錢很簡單，從來都不覺得它很難。還有，我認為與其自己培養一間公司，不如讓所有員工都成為老闆，這樣的培養會更有效益。也就是說，只擁有一〇%的持股，會比自己坐擁八〇%持股，在未來創造出更大的收益。」

他不把自己交給命運，而是自己創造命運。換句話說，我們手中能掌握的財富多寡，會因為更多的自信心與正面思考而改變。

## 征服型：透過分享創造財富

你的診斷分數在一百分以上，一百三十分以下嗎？那麼你是已經準備好成為有錢人的**「征服型研富熱」**。也許你已經達到某種程度的財富狀態，或是已經準備好投資基金了。跟享受型研富熱一樣，具有征服型研富熱特質的人也已經不太會害怕了。對這個類型來說，**正確的情報**很重要。只要情報正確，這類型的人就可以馬上採取行動。因此不管是透過人、書籍，或是其他任何方式，重要的是努力去獲得正確的情報。

但是千萬別忘記，要朝與他人創造雙贏的方向前進。不要夢想成為一位只會賺錢的有錢人，而是要成為一位幸福的有錢人。幸福有錢人不會是「獨自」行走；而會「與大家一起」走上富有的道路。

某一次，我請教了一位屬於享受型研富熱的 CEO。他原本是征服型研富熱，但一陣子不見，他已經提升到了下個階段，而且財產也隨之劇增。

我問他：「您這段時間是怎麼讓財產增加的？」

他向我訴說了過往的故事：「這都多虧了人脈。父親經商失敗後，我經歷過一段很貧窮的時期。當時我真的很努力，從首爾江南開著卡車拚命工作。那段時間我做得最好的事，就是親切地對待每一個人。你應該也知道吧？不管怎麼樣我都會行個禮做結尾。」

沒錯，他很會寒暄，而且非常親切，即便在那段辛苦的歲月也是如此。從事卡車生意的時候，他總是對客人九十度鞠躬，十分畢恭畢敬。他認為大部分的客人都是江南夫人，為了配合他們的水平，必須提供最好的服務——也就是行禮及親切。

某一天，有個機會找上門了。

一位客人問他：「小伙子，你存了多少錢啊？我看你工作很認真，應該有點錢了吧。」

「怎麼了嗎？我……大概有一億兩千萬韓元左右。」

「那買塊這裡的土地吧，應該馬上就會開發了。」

那位 CEO 一邊回想一邊說：「那位是幾年來的老顧客，不像會亂說話的人。」

透過客人情報所買進的地，幾年過後因政府補償翻了整整十倍的利益，這些錢成為他致富的投資基金。事業上軌道至今，他仍以感激之心和那位先前幫助過他的顧客保持來往。

就像如此，擁有富人金錢模式的人，會去幫助其他的人，他們明確知道這份幫助在日後也會有所回饋。舉例來說，中國ＩＴ業界的大戶阿里巴巴創業人馬雲，也是該理論的受惠者。

一九八〇年才十六歲的馬雲，在中國與澳洲簽訂友好協議時，見到了訪問中國的澳洲人肯・莫雷（Ken Morley）。當時他與同齡的大衛・莫雷（David Morley）交情良好，這份因緣更讓他們成為筆友，延續前緣。

五年後，馬雲去訪澳洲。當時能夠出國的中國人非常少，莫雷一家為了邀請馬雲，前後向大使館交了七次文件，透過他們多方的努力，馬雲最後終於拿到了護照。如此艱難才成行的澳洲之訪，完全改變了馬雲這位平凡中國少年的一生，當時這位住在中國小城市的少年才驚覺到世界之廣，而這也成為了他進入師範大學研習英文的契機。出社會後的馬雲，到訪美國出差時生平第一次接觸了網路，由此獲得事業構想，創立了阿里巴巴。

後來馬雲成立了「馬－莫雷獎學金」，每年提供給九十名澳洲學生兩千萬美金的獎學金。關於自己對財富的價值觀，馬雲表示：「如果想要賺錢，就要先學會幫助他人。如此一來，才會有巨大的機會和市場為你展開。」

看看你的周遭吧。財產不斷增加的有錢人，都會從他人身上找尋機會，然後努力把握機會。為了接近有錢人，你也付出努力吧，讓後再去幫助和你一樣的他人。

## 潛力型：補強計畫能生財

「潛力型研富熱」具有潛在的能力。這類型的人只要稍微用點心，就可以輕鬆邁向「征服型研富熱」的階段，就讓我來告訴你如何在生活上實踐吧。

首先，回頭閱讀上面的研富熱診斷表，確實認知自己需要補強的地方，然後不斷對其修正及補足。

接著，把研富熱診斷表的句子直接抄下來，不過，要把疑問句改為宣言式的肯定句。例如：把「我想賺錢嗎？」改為「我想賺錢」或是「我要賺錢」。

這個階段直接寫筆記會比使用電腦更好。用手寫字，會讓手指頭進行約一萬次的動作，這同時也可以對腦部造成為數一樣多的刺激。與此相比，使用電腦鍵盤輸入時，手指頭的動作僅僅只有八種。

給腦部高度刺激很重要的理由是——這樣大腦才會將其視為重要訊息。只要大腦將其認知為重要訊息，就會對心理模式和行為模式產生極大的影響。

最後，為上述的宣示做詳細計畫。一項一項樹立具體計畫很重要，舉例來說，為了找回自信心，就要決定「每天都要大聲地笑」、「每週都要認識一個不同領域的新朋友」、「加入一個新的聚會」等計畫。

活用上述方法，能喚起你的潛力，某一天你就會升級成為征服型研富熱了。

## 選擇型：脫貧只差一點勇氣

「選擇型研富熱」，按照字面上的意思，選擇對你而言非常重要。想要擁有富人金錢模式，你必須往這方面前進，否則就會繼續活在窮人金錢模式裡。也就是說，這類型的人正站在分岔路上。若說征服型研富熱最重要的是情報，那麼對選擇型研富熱而言，最重要的就是**決定人生想怎麼走下去**。

世上所有東西都是由選擇而來。你渴望什麼樣的人生？希望未來的人生能有什麼變化？有些人在日復一日的生活中，偶爾會期望明天有所不同，但這唯有透過「已經改變的今天」才可能發生——今天的我要跟昨天的我做出不一樣的選擇，明天才會有所改變。若是過度追求安全感或是充滿恐懼，那麼你就會有埋葬未來可能性的傾向。就算有躍進的機會，也容易做出錯誤的選擇。

讓我們來看一對無法鼓起勇氣的夫妻，做選擇的案例吧。A氏夫婦住在一間位於京畿道，周邊有很多公園，且交通便利的二十三坪電梯大樓裡。那間大樓其實歸A先生姊姊所有，但A氏夫妻為了省錢，跟兩個孩子一起搬進了那裡。

A先生是公務員，夫人則是全職家庭主婦。A的姊姊心胸寬大，負擔了管理費等費用，所以A沒有太多需要花錢的地方。

冬天一來，這家人就會去首爾的可樂市場撿白菜邊來吃。由於非常精打細算，他們把收入的九〇％都存了下來。搬進姊姊家不過幾年，已經存了兩億韓元。

某次我有個機會跟A先生聊起天，我對他說：「A先生，您可以存兩億真的不簡單。以現在的房價來說，再補個二、三千萬，您就可以買到很不錯的電梯大樓了。這段時間辛苦了，恭喜你哦！」

「還差得遠呢！要再多存一點。」

「反正金額也不大，要不要乾脆貸款呢？現在房地產的價值正在水漲船高。存錢的這段時間，房子價格會漲很多的。」

「我對貸款不知為什麼有點排斥，還是存到錢再買比較安心。」

當時A先生即便手上有這麼多現金，卻仍因為茫然的恐懼放棄了未來的可能性。而且那筆錢也沒有用來投資在其他地方，就只是存在存摺裡面而已。

結果問題終究發生了。雖然他又多存了幾千萬韓元，但仍然沒有辦法安置好自己的家，因為這段時間裡，房價又上漲了。

若像A氏夫婦這樣，沒辦法即時做出正確選擇與決定，隨著時間逝去，剩下的選擇只會越來越差。

遇到這種情況，就需要鼓起勇氣做選擇與決定。那究竟該怎麼做呢？丁埰琫在他的著作《回到初心》*中便曾以煮水的原理來比喻人生：「水煮開的話，就會產生名為『水蒸氣』的能量。這個差別就像不管加熱到零度還是九十九度，水都沒有辦法獲得能量一樣。即便已經達到九十九度了，也依然必須等到超過一百度才能夠產生能量。儘管九十九度到一百度，不過就是一度之差罷了。」

不過只是一度之差，卻決定了水是否能夠煮開，如果在九十九度放棄，結果便什麼都不會發生。請銘記這件事，只要再多加入最後一滴汗水，我們的熱情就能夠爆發，財富的曲線就會成長。

就算研富熱的分數不高也沒關係，富人金錢模式並不是馬上就要達到的成就，而是一種選擇。堅定你想改變的意志，然後鼓起勇氣吧！

## 沉睡型：盡早拒絕與貧窮共生

研富熱中最下層的就是「沉睡型研富熱」。哪有不想改變的人？你不就是因為想改變才讀這本書嗎？很好。那麼請捫心自問：「我真的想改變現實嗎？」有些人口中說著想改變，但卻已經習慣了過去的心理模式，無法從中擺脫。換句話說——就是**「習慣貧窮」**的人。

我在諮商中，經常遇到只想吐吐牢騷、討討拍，其實並不抗拒貧窮的人。他們只會空想，不付諸實踐。這類人若想改變窮人金錢模式，需要在行為上做出非常大的變化。必須要做功課，還要想辦法從舒適圈裡走出來。改變習慣有時候非常痛苦，但你必須要心甘情願地承受。

我曾遇過一位三十出頭患有憂鬱症的女性。在諮商過程中，我判斷她因憂鬱症病情嚴重，處於欲望受挫的狀態中。聽她訴說內情時，我得知結婚前她其實是一位常跑夜店、活得自由自在的人。問題在於，她與一位出生於虔誠基督教家庭的男性結了婚，從此再也無法像婚前一樣享受快樂，因此患上了輕微憂鬱症。後來每當要去教會，或者是前往公婆家，她便會找藉口說：「今天身體不舒服不能去，醫院說我的憂鬱症變嚴重了。」憂鬱症成為她的工具，用以逃避所有她不想做的事。

---

＊《처음의 마음으로 돌아가라》，샘터出版，二〇〇〇。

那一次諮商過後，她再也沒有來了。後來我才從介紹她來找我的朋友口中聽說，她表示：「萬一我去那裡，憂鬱症被治好了怎麼辦？」

我的診斷是——她在必要時使用憂鬱症當藉口，正好能藉此表示自己「與其說是憂鬱症，不如說是因為不能做想做的事，而處在欲望受挫的狀態中」，當她被識破，也就被嚇壞了。我猜測，她心裡真實的想法是：「要是真的治好，就得做自己不想做的事，那該怎麼辦？」

沉睡型研富熱，會出現這樣的心態。如果你真的想要變富有，就不能再拿貧窮作為擋箭牌和藉口。請仔細思考：「再繼續這樣下去，十年後的我會變成怎麼樣？」，然後想想你將經歷什麼痛苦至極的事，這麼做將會對你有所助益。現在就果斷拒絕你一向習慣的貧窮吧！如此一來，富人金錢模式才能取而代之。

## 窮人以金錢為目標，富人用金錢成就目標

稻盛和夫會長接手二〇一〇年受法院管理、破產已迫在眉睫的日本航空，只用了八個月的時間就轉虧為盈。其實他早於六十五歲就退休，但當時受到日本總理懇切的求助，以七十七歲高齡回到第一線，拯救了日本航空。自此之後，稻盛和夫會長就被稱為「經營之神」。

某次，有一位經營者，向稻盛和夫會長表示自身最近公司經營不穩，並向他提出了這樣的問題：「我的公司是中小企業，我想把它經營成大企業，如果要培養出相稱的實力，需要做什麼樣的努力？」

這時候稻盛和夫會長怎麼回答呢？

他說：「不管是人還是企業，都要先**擺脫執著**，才能變得強大。**利於他人的經營理念**，是成長的出發點。」

他的建議是——經營者必須將追求員工的精神、物質幸福作為經營的基本，公司才能夠成長。從稻盛和夫會長的話，透露出真正有錢人的價值觀。

有價值觀和沒價值觀的人不同。如果沒有價值觀，不論擁有的錢再多，都會感到不安且不

滿足。每個人都需要價值觀，因為它能激發強大的意志力，然而事實上有很多人都在沒有價值觀的狀態下生活。

當我在諮商過程中問：「你賺錢的原因是什麼？」這種基礎的問題時，個案們常常會反過來向我投以異樣眼光——因為這個問題他們從來沒有想過。像這樣的人就是沒有價值觀，只以金錢作為中心目標，所以人生隨著金錢而動盪。

## 賺不到錢，是「誰」的錯？

有一次在金錢模式課程途中，有位 CEO 這麼說：「因為我家裡的某個人，把我的路給擋住了。」

那個人指的是他妻子。但這真的是妻子的錯嗎？還是 CEO 因妻子的話而搖擺不定——其實是他自己的錯呢？

他的話語背後隱藏著一種心理。他把損失金錢的原因歸咎給妻子，想要試圖規避責任。每次只要開口，就把他賺不了錢、賠錢的錯誤，全都推到妻子身上。

會說這種話的人，大部分是自我價值觀不明確的人。倘若清楚了解自己是怎麼樣的人、賺錢對自己而言的價值為何，就不容易被動搖。若非如此，你將無法成為自己人生的主人，只能當一位觀眾。一旦你成為自己人生的主人，就會更清楚確定為什麼要賺錢，又該如何賺錢。

我就經常思考：「要怎麼賺錢？要怎麼讓錢跟著我跑？」但其實我這麼做，與金錢富饒與否沒有關係。每當我問起這些問題，最後一個問題總會回到同一句：「倘若如此，那麼我究竟是誰？」

在這麼多想法背後的根本，就是「我到底是誰」這件事。如果我是國王，我就具有絕對的權力；如果我是乞丐，我就只能討口飯吃。如果你不知道自己是誰，其實賺錢反而會變得容易些，因為那就只不過是討生活的工具罷了。然而如果你淪落至此，那麼當沒錢的時候，人生就只會剩下痛苦與挫折。

很大部分的人，在面對痛苦與挫折時，總會抱著「金錢是讓人生幸福的唯一解答」、「只要有錢什麼都可以做」的心理。然而，金錢並不能當作人生最終的目標，人生主角應該是你自己，而金錢只是自我管理的其中一個道具。

也有些人習慣於貧窮的騙術，對於財富懷有錯誤的認知，誤以為「有錢人就是貪婪」、「一定是做了什麼壞事才賺那麼多錢」。這世界絕對存在著把累積財富往負面方向思考的人；相反地，也存在著用正面方法累積財富，雇用更多人幫助自己安定人生的有錢人。不要認為我們只能在貪婪或貧窮中做選擇，用健康的心態追求財富不就好了嗎？

小時候父母常對我說的其中一句韓國諺語是：「鴉雀為了追趕白鶴，結果把胯下給扯傷了。」*雖然這句話是用來勸誡人們不要過於貪心，應固守分寸、好好生活。但是卻也因為這句話，讓我一直以來都對金錢抱持著消極的想法。就連需要挑戰的時候，我也聞風不動。在開始健檢我的金錢模式之後，我決定再也不要遵從這句話了。

金錢「不壞」也「不好」，它不過是個工具，性質如何完全取決於你的使用方式。**絕對不要把金錢的定位擺在比自我還高的地方**，當金錢是被用來認識自我，並實現自我價值觀時，才真正具有它的價值。

## 認識「自我價值」

來試著玩一個遊戲吧——請撇除家人，找個周遭也想改變金錢模式，且志同道合的朋友一起來試試看。請兩個人組成一隊，一方持續向另一方提問「你是誰？」，然後由另一方回答。持續相同的問題與回答約十分鐘，然後再交換角色。

透過這個簡單的遊戲，就能知道你是怎麼定義自己的。從你嘴巴說出來的東西，就是你的心理模式。舉例來說，對話情況可能會像這樣：

「你是誰？」

「我是洪吉童。」

「你是誰？」

「三十五歲的男子。」

「你是誰？」

「一個上班族。」

「你是誰？」

「一個女人的丈夫。」

「你是誰？」

「上班族樂團裡的吉他手。」

以這樣的方式反覆問答，答案就會漸漸開始變少，人也會感覺彆扭。一般來說，「你是誰」這個問題問超過十次，就會開始難以回答。意外的是，人們常常活著卻不知道自己是誰。把所屬的組織、環境、能力都說完之後，就會找不到表述自己的方式，變得尷尬。而每到回答不出

＊編註：意指先天條件的差異，就算再努力也難以彌補。在此「鴉雀」隱喻「出身貧困」；而「白鶴」則是「含著金湯匙出生」。

問題的時候，我們才會意識到：「那麼真正的我究竟是誰？」

當你得到機會可以從頭回顧自己，就算過程很困難也請不要停止，試著苦思冥想去回答所有問題吧。

真正的我是一個擁有能夠創造金錢能量的存在——請將這個事實深植於心中，如此一來回答問題的時間，將成為你與自己不為人知一面相遇的重要時刻。

## 釐清「金錢價值觀」

如果沒有正確的價值觀，即使成為有錢人，也不能成為幸福健康的有錢人，一定會在人生某個瞬間感到空虛。

希望你能先思考完下列問題的答案後，再繼續閱讀接下來的內容——

**問題：假設你不小心得了一億台幣的樂透。請閱讀下列問題，回答出你心裡的答案。**

一、一夕之間獲得一億台幣，你會害怕嗎？

二、得到一億台幣的心情如何？

三、這筆錢裡，你想挪用多少當每個月的生活費？

四、透過這筆錢，你的生活質量會產生什麼變化嗎？
五、一位知道你中樂透的好友來向你借錢，你會怎麼辦？
六、具體計畫一下你會如何使用這一億台幣。

都寫好了嗎？光是想像自己有錢，是否就讓你感到幸福了？現在就來驗證你是屬於建立在價值觀之上的富人金錢模式，還是建立在消費之上的窮人金錢模式吧。

幾年前，在我還未擁有富人金錢模式時，我曾經回答過這些問題。過了好長一段時間，我偶然看見當時的筆記，忍不住嘲笑了自己，因為從那些筆記就可以看出當時我的金錢模式是為了迎合消費。

如果不能明確了解賺錢的價值為何，那麼金錢只是一種具揮發性的物質罷了，只會曇花一現便驟然消逝。這個過了許久才被翻出來的筆記，變成我重新檢驗自己價值觀的契機。

以下是我以前的韓元版答案——

1. 一夕之間獲得四十億韓元的話，你會害怕嗎？

不會。

2. 得到四十億韓元的心情如何？

覺得很幸福、很感激。

3. 這筆錢裡，你想挪用多少當每個月的生活費？

兩千萬韓元（包含孩子們的學費）。

4. 透過這筆錢，生活的質量會產生什麼變化嗎？

應該不會有太大的變化。

5. 一位知道你中樂透的好朋友來向你借錢，你會怎麼辦？

先問他原因，最後再拒絕。

6. 具體計畫一下你會如何使用這四十億韓元。

買房子花七億、買辦公室花十五億、投資基金五億韓元、孩子們的學費花兩億、捐款五億韓元，剩下的錢先留起來。

## 富或窮？由「思想」決定

有錢人如果看到我的計畫，肯定會覺得不像話，因為這樣的花錢方式，不過幾年財富就會被揮霍殆盡。以前的我，把金錢的意義放在消費之上，然而金錢的意義對於有錢人而言，卻是**維持與增值**。我們必須要在維持與增值的前提下，以符合自己價值觀的方式使用金錢。

若是現在的我回答「這筆錢裡，你想挪用多少當每個月的生活費？」一題，我會說兩百萬韓元。

在我存到符合目標的投資基金之前，我會盡可能降低自己的生活費，孩子的學費則用資產增值後的金錢來支付。以前的我根本沒想過要利用資產增值準備孩子的留學費用，只想著要努力賺錢付學費；然後下一年再努力賺錢，付下一年的學費。

我有一位朋友和我一樣，把孩子送出國留學。幾年前我的月收入比那位朋友高上許多，可是現在我們的資產規模卻已完全逆轉。原因是，我朋友貸了一點款，加上手上原有的三億韓元，在水原市光教蓋了一棟四層樓的房子——一樓弄成商店，租給了做餐飲的人；二、三樓裝潢成套房出租；四樓則是住著朋友一家人。他們用租金還清貸款，然後再另找投資標地，在幾年間累積了大量資產。然後我朋友用每個月收到的租金，送兩個孩子出國讀書。

動用投資基金，辛苦把孩子送出國留學的我，保有的財產越來越少；但朋友的資產卻日益增加。仔細回想，我朋友的目標一直是「讓財產增值之後，送孩子出國出書」，因此他的出發點是「要怎麼讓財產增加」。相較之下，目標不明確的我只想著「用這筆錢就可以付學費了」，於是最後得到這樣的結果。

六號問題中關於捐款的回答也是如此。照以前寫的，我只會一次性捐款五億便沒了。但若把這五億投資到每個月可以回收現金的地方，又會如何呢？我不僅可以持續捐款給有需要的地方，還能夠讓自己的資產增加不是嗎？舉例來說，我如果買下一間店鋪並把租金捐款，甚至還能多出房價價差之類的收益。

富人和窮人的差異不是金錢，而是思維——差在「沒錢就做不到」與「要怎麼讓錢增值」的思維上。有賺錢動機的人，思考的方向不同，他們會不斷為了找到解決方案而提問；然而沒有賺錢動機的人，則會陷入問題之中，這就是富人與窮人的差異。

在你問出「要怎麼做才能讓錢增值」之前，請再問自己一次吧：「我為什麼要賺錢？」這裡面有你必須賺錢的動機，你該如何使用金錢的具體計畫也將由此而出。還有儲蓄的動機、必須讓金錢增值的緣由等。

有些企業不斷賺錢，然後致力於把公司所在的城市打造成宜居的地方；有些天主教團體透過副業，幫助被遺棄的孩子自我獨立；有些人想讓貧窮止於自己這代，所以要賺錢讓孩子過更好的人生——唯有找到屬於各自的動機，才能真正確立賺錢與花錢的理由。

## 懂用「想像力」，錢自然會跟著你

我有一張紙，寫著我二十三個大大小小的夢想。我每天都閱讀它，然後開始逐一想像。舉例來說，我讀完「擁有一間五層樓高的治療中心」後，會具體去想像那間建築物——一樓坐滿了人；二樓有幾個人正在諮商室裡接受諮商；三樓的演講廳裡充滿了開心大笑的人。

有錢人和我一樣很會想像，**想像是邁向成功最卓越的方法**。有一位好萊塢演員就曾說過與之相關的話：「我要成為千萬票房的演員！」

一位默默無名的演員，卻經常把要成為千萬票房演員的話掛在嘴邊。他總是把一張自己做的千萬美金假支票放在錢包，隨身攜帶。每當打開錢包看到那張支票，就提醒自己要銘記目標。過了好長一段時間後，他最終達成了自己的承諾，成為一位高人氣演員。

這個故事的主角就是以《阿呆與阿瓜》、《摩登大聖》竄紅的演員金·凱瑞。只要像金·凱瑞一樣，持續不斷地想像，夢想就很有可能真的實現，因為**人類的大腦會回應我們的想像**。英國牛津大學心理學系伊萊恩·福克斯（Elaine Fox）教授便指出：「我們的大腦無法區分現實和想像，因此只要透過專注且持續的想像，就能對我們的身心產生影響。」

那麼，有錢人都想像什麼呢？當然是想像美好的事物。相較之下，窮人們卻總想像最壞的情況，在不知道這種情緒會影響自我的行為之下，習慣往壞的地方想。

## 美好的想像使人幸福

每個人剛出生時，情緒都處於中立的狀態，沒有愉悅、悲傷、害怕與憤怒，只有面對未來的可能性。但是在成長過程中，持續受到父母、教育及其他各種經驗的影響，於是最後成了現在的樣子。

精神科醫師大衛・霍金斯（David Hawkins）博士提出了關於情感與過程如何運作的**「意識能量」**概念。研究人類苦痛的他，將意識數值從一到一千，彙整出人類的負面與正面能量會導致什麼樣的結果。

請看看後頁表格，確認自己處在哪個意識等級裡吧。若意識能量位在代表毫無生氣的五〇Lux，代表那個人的情緒狀態處在絕望當中，會出現放棄行為。想當然耳，如果出現這樣的情緒與行為，要怎麼擁有富人金錢模式呢？反之，意識等級越高，就越接近富人金錢模式。

我們的意識會往能量強的地方靠攏，若意識等級在二〇〇 Lux 以上，賺錢的時候就能成為健康的有錢人。處在勇氣、中立、願意、接納、理性、愛、喜悅、安詳、開悟的意識等級中，如此在賺錢的時候才能抱以心平氣和的情緒。因此，幸福的有錢人會努力讓自己擁有正面心態。實際運用的其中一種意識就是「想像」，他們會透過想像跨越環境及五感去夢想新的事物。

最高齡的富士山攀登者胡爾達．克魯克斯（Hulda Crooks），在超過七十歲的高齡時，向朋友說過這樣的話：「我一百歲以前一定要爬上富士山。」

一旁的朋友聞言回應她道：「你在胡說八道什麼啊？都已經年過七十，這裡疼那裡痛，連好好走路都沒辦法，你要怎麼爬上

**大衛．霍金斯的能量地圖**

| 意識能量（Lux） | 意識等級 | 情感 | 行為 |
|---|---|---|---|
| 700～1,000 | 開悟 | 妙不可言 | 純粹意識 |
| 600 | 安詳 | 合一 | 人類貢獻 |
| 540 | 喜悅 | 感謝 | 祝福 |
| 500 | 愛 | 敬愛 | 共存 |
| 400 | 理性 | 理解 | 洞察力 |
| 350 | 接納 | 責任 | 寬恕 |
| 310 | 願意 | 樂觀 | 親切 |
| 250 | 中立 | 信任 | 放鬆 |
| 200 | 勇氣 | 肯定 | 活化 |
| 175 | 驕傲 | 鄙視 | 自大 |
| 150 | 憤怒 | 仇恨 | 侵犯 |
| 125 | 欲望 | 渴求 | 執著 |
| 100 | 恐懼 | 焦慮 | 退縮 |
| 75 | 悲傷 | 懊悔 | 沮喪 |
| 50 | 毫無生氣 | 絕望 | 放棄 |
| 30 | 愧疚 | 指責 | 虐待 |
| 20 | 羞恥 | 恥辱 | 殘忍 |

富士山？你覺得合理嗎？」

儘管如此，只有一百五十三公分，體型瘦小的克魯克斯奶奶，仍然透過持續運動鍛鍊身體，征服了美國好幾座山，當然也成功爬上了富士山。當時的她已經高齡九十一歲了。

當克魯克斯奶奶的朋友，靠著輪椅度過一天又一天時，她想像自己能攀爬高山，並且為此持續不斷地運動，結果九十歲仍成功登上將近百座山峰。

我們的大腦沒辦法分辨現實與想像，所以只要透過想像就能激發勇氣。這種想像力奠基於人對過去經驗的解釋，因此在過往有過許多失敗經驗的人，可能會較難以想像。對於心懷畏懼的完美型人格而言，最欠缺的也正是這股「想像」的能力。

想像能活化我們的大腦，如果你想賺錢就必須想像。你有理想的目標金額嗎？存到那筆錢之後，有能讓它增值的方法嗎？大腦需要具體化的迫切感與一貫性。盡可能使用你的五感，做出具體的想像吧。

舉例來說，假設今天是發薪日，當中一半的錢要拿來儲蓄。你要存的目標金額是三千萬元，當你存到這些錢時，嘴角可能還不自覺地上揚了。

請想像現在你正拿著那筆錢，找尋投資標地，然後就透過某個人得知了一個安全且確切的投資目標。

光是想像「我也有賺錢的能力」，是不是就已經讓你感覺到幸福了呢？正面的想像會產出改變的能量。

## 自信，改變現實的力量

有一位四十多歲的女性，因為無法存錢來找我諮商。她的經營能力非常出眾，奇怪是一直沒能存到什麼錢。她經常想：「為什麼我如此努力工作，還達到最高銷售額，結果進我口袋的錢卻這麼少？」

仔細探究原因後，才發現她跟公司簽了一個奇怪的合約。她負責的組織是在獨立體制下運營的，年銷售額必須達到二十三億韓元才會有獎金。因此當她發完底下員工的薪水後，所剩的錢就寥寥無幾，她的月薪其實非常低。就算再怎麼努力奔波經營、創下好成績，她仍然身無分文。你一定很好奇，她到底為什麼要簽這麼奇怪的合約呢？

她所簽的合約是以巧妙手法來剝削勞工的錯誤合同。雖然合約有問題，但背後更大的問題，其實是出在諮商過程中才被找出的「心理模式」。出生貧困家庭的她，從小就在父親的強權下開始工作。而她所賺的錢，都被爸爸用來供大伯的女兒上大學。其實她也很想跟朋友一樣去上高中，可是對父親的恐懼，讓她一句話也不敢多說，好長一段時間都必須過著為家庭犧牲奉獻的日子。

令人惋惜的是，即便長大後已經脫離好一陣子跟父母一起生活的日子，但是兒時的心理模式仍沒有散去。跟一間不像話的公司簽訂合約，就是這個心理模式作用導致的結果。出社會後，雖然發揮了卓越的能力，但是面對不合理的合約及待遇，卻只能束手無策、概括承受，就像是面對父親時懷抱的恐懼那般，她即便認為自己的犧牲不合理、有意見，卻也無法吭聲。

為了改變她的心理模式，我重新調整了從以前到現在籠罩在她生命裡的潛在情緒。我安撫著她內心的悲傷與恐懼，同時也讓她繼續說出過去成功的經歷。因為這麼做才能讓她感悟到「原來我是比想像中更有能力的人」，同時也才能恢復她的自信心。我特別要求她閱讀下面句子，並且將其深植入心：「我是別人不得不肯定的人！」

為了建立一個能夠掩蓋恐懼的新心理模式，我要她每天一邊說一邊想像，並且面帶笑容。認為不能再繼續概括承受的她，很努力地做著功課。最後才終於揮別了從小折磨著她的恐懼心理模式。

她抬頭挺胸地向公司遞出辭呈。老闆為了挽留這位經營老手，拿出了一份新合約，不過此時正好有另一間公司，以最高年薪的條件要挖角她。就這樣，她離開舊公司，開始了新的職場生活。

她的改變不僅止於職場。時隔十年重新去見爸爸的她，還生平第一次頂撞了父親。那個十年不見的父親，再次見到女兒時還是口口聲聲嚷著要錢。

「你這女人還能替我做些什麼？」一直以來都只能被剝削金錢，什麼反抗的話都不敢說的她，聽到這句話，終於頂撞了父親：「爸爸你從高中就把我送去工廠，把我的錢都拿走就算了，怎麼可以說這種話？」

她的父親完全無法回嘴。

已經能夠強烈表達出自我意見的她，再也不是那個恐懼害怕的小女孩，而是有勇氣站出來的大人，一位可以勇敢面對過去不公平待遇的人了。

「我重新定義自己、克服恐懼後，連金錢模式也開始朝完全不同的方向改變了。因為薪水變多，我再也不需要用信用卡預借現金了。」她現在已經成為很能賺錢的人了。

以前總是費盡心思努力賺錢，不敢休息也想盡力多掙點錢的她，現在已經不同了。她成為一位享受財富的人，不但賺錢的機會也變多，成為了店長，還開拓了其他收入來源。這就是每天想像、描繪自己成功的成果。她的金錢模式也隨著心理模式的變化而改頭換面了。

## 「負能量」阻斷好運氣，窮忙的悲劇連鎖

最近有幸運的事嗎？如果能輕易想到，代表你已經站在富人金錢模式的入口了。前往富人金錢模式的線索，不在於財務問題、能力、環境的變化，而是「意識」的轉變——**成功的人大部分都認為「我很好運」**。

幾年前我也覺得自己是「非常倒霉的人」，但是搬到新家後，整個想法都改變了。那幾次的經驗，為我塑造了新的心理模式。

我現在住的房子當時的販售價格，是我所持有資金不可能買下來的。如同前文所敘，該區域因為重新開發選定區的問題盤根錯節，導致屋主急著想出售。房仲老闆雖說屋主是以十年前購入的價格直接售出，但實際上，那個金額對我來說還是難以負擔。

我請房仲幫我壓低買賣價格，後來因為要簽合約，跟屋主見到了面。令我意外的是，屋主其實對於我開的價格並不滿意，不過因為想盡快擺脫房子的問題，還是答應了我的要求。結果我以低於開價四千萬韓元的價格購入了房子，比屋主十年前買的價格還低廉。當時的我心想：「我該是個多幸運的人啊？」

沒想到搬家之前又發生了一件奇蹟般的事情。因為我當時還無法拿到之前房子的傳貰金，所以手頭上一時還沒有錢。我必須整修即將入住的房子，但傳貰金偏偏又要等到新的租客入住才能拿到。

當時我立即需要八千萬韓元，就在我左思右想該如何湊錢的最後，我突然想起保險公司，並播了通電話。我說明了自己的處境，表示只需要借一個月的錢，才跟保險員說完不久，就傳來一個意外的消息——保險公司剛好成立了生活資金貸款制度，限制額度是八千萬，正好就是我所需要的金額。因此，我又再次認為「自己真的很幸運」。

然而並不是每件事都這麼順利。我開始裝潢房子後，很奇怪的是工程一直進行得不順利。詳細了解情況後，才發現是裝潢業者開了一個大玩笑。當時我已經結清工程款了，裝潢業者卻咬定我們沒有簽合約這件事，要我去告他們，一副你能拿我怎麼辦的樣子，結果幾千萬韓元就這麼飛了。我有一、兩個月委屈得受不了，睡到一半還會氣得驚醒。

時間一天、兩天就這麼過去，有天我突然轉念一想：「我真的是很幸運的人，差一點就賠了幾億，但我卻只用了幾千萬就上了一堂課不是嗎？」

以前的我總是認為自己很倒霉、每天滿腹牢騷。但隨著心理模式的改變，我對待世界的態度也跟著轉變了。

## 正面思考的力量

運氣是由你自己創造的。所以現在開始選擇吧，只要相信自己運氣很好，人生就必定會迎來勝利。美國卡內基理工大學就研究過「成功人士的特質」，結果顯示——成功人士是那種在面對困難的時候能夠順利克服的人，而非學識高、繼承大量遺產，或是家世背景很好的人。換句話說，**「克服指數」越高，成功的機率就越高。**

每個人活著都一定會有遇到危機的時候，這種時候能夠重新站起來的人，往往是相信自己一定能度過困難時期的人。換句話說，就是那些內心相信自己「運氣好」的人。

日本傳說級經營者松下幸之助，就是相信自己運氣的最佳代表。一九八四年誕生的他，在一九一八年成立了National與Panasonic等企業，以「不間斷創新研究，創造從無到有」的經營理念，讓公司成功站上世界舞台。

這個傳奇經營者自言有以下三點感謝——

❶感謝我曾經如此貧窮。貧窮讓我多方體驗了許多本來不曾做過的工作，例如：擦皮鞋、賣報紙等。

❷感謝我身體如此虛弱。因此我才會在健康上下心思、努力運動，以至於到老了還是能夠健康過生活。

❸感謝我沒學過什麼東西，所以無知。於是我才能夠把每個人都當成老師，向每個人提問、用心學習。

他不管面對什麼狀況，都認為自己運氣很好、感謝每件事。他很重視認為自己運氣好的心態，所以在面試時也一定會向應聘者問這個問題：「你是運氣好的人嗎？」

讀完松下會長的故事，你有什麼想法嗎？沒錯，**運氣是我們的選擇**。好運的事不是真的因為運氣好才發生，而是因為你認為自己運氣好，所以運氣才真的變好。

## 「笑容」為你帶來好事

位在板橋的SeouLin Bioscience，是一間年銷售額破百億韓元的公司。隨著公司日益成長，他們的會長和常務不斷思考：「如何讓員工工作得更開心？」「如何讓公司成為員工們的第二個家？」

後來他們下定決心正式引進「笑容經營」，因此找上了我。會長讓所有員工，都接受了笑容教育，當然他本人也積極參與其中。我在企業演講已有二十幾年經歷，從來沒有遇過業主本人直接參與教育的。但黃乙文會長跟其他人都不同，他是最積極參與的人，也身體力行成為員工們的典範。

「如果工作能夠變得愉快，公司的運氣也會變好，接著就一定能夠成長。讓每個員工都笑著工作，我跟公司才能繼續生存下來。」他的經營理念如此確切，而且也因為其親身實踐。這項經營哲學在引進微笑經營七年後的今天，仍然沒有停止。

這間公司還有一個最有趣的地方，就是「一分鐘笑容訓練」。在向國外買主進行簡報前，他們都會保留一段時間與客戶一起歡笑。不管最終購買與否，他們的目的是將幸福的情緒與健康作為禮物，免費提供給客戶這項最具價值的東西。當然，這對於打開客戶的心理也有很強大的效果。

笑會讓心情變好，心情變好的話事情就會變得順利、能力也會提升，點子更是會源源不絕，員工們也會感覺到好運頻頻發生。一旦職場變得愉悅，公司的運氣也會變好，然後必定就會成長。就算碰上危機，也能找到轉圜的機會。

要讓運氣變好，最快的方法就是讓你的心情變好，所以請讓好的情緒充滿全身吧。要是你帶有低自尊、虛脫、空虛、自卑、憤怒、悲傷、孤單等等的情緒，就算機會近在咫尺，也會稍縱即逝。

最簡單的實踐方法即是微笑，微笑能立刻中斷負面情緒。你是不是以為「先有值得一笑的事情，人才會笑」呢？不是的，反而是笑了，才會發生值得你一笑的事。

回想一下到目前為止運氣好的回憶吧，騰出一點時間寫在日記或筆記本上都是有幫助的。如果你沒有好運的事，那就反其道而行，寫寫運氣不好的事。就像「導致我賠錢的裝潢事件」諸如此類的負面事蹟。接著再寫你從這些事當中，得到的教訓和省思。當你重新解讀人生的瞬間，運氣也會跟著開始變化。

很多人都說，過往就是你的人生，但是我會說「不是的」。你的人生取決於你用什麼方式接受它，而我們可以透過重新解讀過去的事件，與過往道別。

# 天生我材不誤用，開啟財庫的金鑰

有錢人們雖然各自有不同的金錢模式，但他們都有一個共通點——會把能量集中在喜歡的事情，以及能夠發揮自我能力的地方。如此一來不僅能夠享受賺錢的趣味，還能讓金錢增值的機率變高，並且降低賠錢的可能性。

擁有富人金錢模式的人，會了解自己擅長什麼、做什麼才能賺到錢。反之，處在窮人金錢模式的人，具有無法掌握自己擁有何種能力的傾向。因此，我們必須了解自己可以透過什麼來賺錢。若能了解自己的特質將會有很大的幫助，所以接下來就讓我們來做個特質測驗吧。

以這個特質作為基礎檢視自我，就可以用不同的角度看待你現在所做的事，也可以知道什麼樣的工作最適合自己。

## 基本特質測驗

每個人都有自己的基本特質，下面這個特質測驗就是一個能簡易了解特質的方法。但必須要注意的一點是，特質沒有所謂的好與壞，只是因為每個人個性不同，才有所不同罷了。

**特質測驗**

1. 請看著這個大正方形裡畫著小正方形的圖案。

2. 從圓形、四角形、三角形、S 形中選擇一個圖形。

3. 選好圖形後，請以任意大小及位置，在下圖中畫三次。

4. 排除已經畫了三次的圖形，將剩餘的圖形各畫一次。

（舉例來說，如果第三步驟選擇了圓形，就先在大正方形或小正方形裡畫三次圓形，就算重疊也沒關係，接著正方形、三角形及 S 形各畫一次即可。）

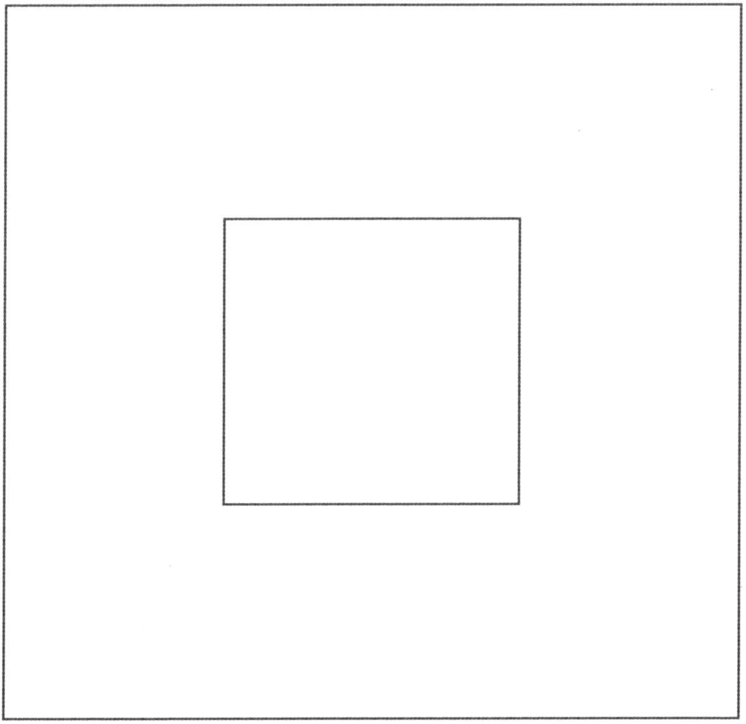

測驗過程中，請不要思考過久或過於深入，只要隨心所欲地畫出浮現在腦海中的東西即可。如此一來，才能夠完全觸碰到自己的內心深處。

都畫好了嗎？接著就讓我們透過圖畫來分析你的特質吧。

首先，你畫了三次的圖形，代表著你的基本特質。畫了三次圓形的人是**「關係型」**；畫了三次正方形的人是**「知識型」**；畫了三次三角形的人是**「成就取向型」**；畫了三次S形的人是**「創意藝術家型」**。

畫了一次的圖形，代表的是你的行為偏好度。

只要了解自己先天的特質後再截長補短，你就有機會可以賺到更多的錢，而且能夠過得更加幸福。

只要根據自己的特質發揮對的能力，絕對會讓你生活如魚得水。

接下來，就來看看自己特質所對應的說明吧，不過這裡敘述的並不包括有創傷或憂鬱症等疾病的狀況。

如果你的特質還沒顯現，那可能是你尚未領悟，或是需要接受治療。如果是上述形況，試著找專家諮詢也是不錯的選擇。

接下來來請看看各特質的特徵與優缺點——

## ❶關係型

| 優點 |
| --- |
| ●跟剛認識不久的人馬上就可以稱兄道弟。<br>●給人一種想跟你喝杯咖啡般舒適的感覺。<br>●笑容滿面、很陽光。<br>●消息很靈通。<br>●對每件事都充滿活力。<br>●喜歡說話，雖然有點吵，但會為周遭帶來幸福。<br>●喜歡獲得他人肯定。 |
| 缺點 |
| ●耳根子軟。<br>●因為喜歡獲得肯定，所以能量會向外流。<br>●容易相信他人。<br>●喜歡在外面活動，所以做事總是馬馬虎虎。<br>●只知道皮毛，卻裝作什麼都知道。<br>●雖然關心金錢，但卻容易流失金錢。<br>●情緒起伏很大。 |

關係型的人應該培養什麼能力呢？你們在人際關係上具有卓越的能力，若能透過這點達到富人金錢模式是最好的。天生具有這項特質的人，不需要費盡心思建立人際關係，也能自然而然和人們打成一片，所以很適合經商或做生意。

這類型大多也都很會說話，同時具有演講者及演說家的天賦。因為富有活力，容易從他人身上獲得情報，但請不要立刻付諸行動，千萬要先調查清楚。舉例來說，如果得到房地產相關情報，就要找跟情報供給者沒有關係的其他房地產專家做考證，這樣才能防止金錢流失。

## ❷知識型

| 優點 |
| --- |
| ● 穩重。<br>● 踏實做好一件事。<br>● 深思熟慮後才會做決定，因此不易出錯。<br>● 給別人能夠信賴的感覺。<br>● 心胸像海一樣寬闊的好人。<br>● 依據知識做行動，所以不容易被動搖。<br>● 不會輕易生氣，很穩定。<br>● 聽到別人的秘密也能三緘其口。<br>● 非常照顧家庭。<br>● 默默地在背後推動整個組織。<br>● 一但決定一條路，就會走到底。 |

| 缺點 |
| --- |
| ● 幾乎可以不動搖。<br>● 不說出自己想要什麼，所以會讓周遭的人很鬱悶。<br>● 屬於非常固執的類型。<br>● 需要非常久的時間才能把想法付諸於行動。<br>● 很難跟其他人打成一片。<br>● 內心衝突很多。<br>● 看起來沒有前景。<br>● 平常不太生氣，但生氣起來就會爆炸。<br>● 不會拒絕，所以被交代的事堆積如山。 |

知識型的人，在知識領域上能夠展露頭角。不僅如此，他們還比其他類型擁有更強大的耐心，可以持續努力、最後獲得良好的成果。成功的教育家中，以知識型的人居多。該類型的人不太喜歡認識陌生人，天生喜歡閱讀、埋首研究，因此會獲得許多正確的情報。如果你是知識型人，要盡可能活用知識。此外，長期投資比短期投資更適合你。

### ❸成就取向型

| 優點 |
| --- |
| ● 外向。<br>● 在改革和變化的部分，有許多能量。<br>● 擁有卓越的觀察力。<br>● 很想要成功。<br>● 做事很輕鬆。<br>● 沒有恐懼。<br>● 善於規畫和執行。<br>● 直覺很準確。<br>● 行動力強。<br>● 善於說服和激勵，有能力帶領整個組織。 |

| 缺點 |
| --- |
| ● 容易成為工作狂。<br>● 有耐心不足的傾向。<br>● 屬於經常生氣的類型。<br>● 以解決方案、工作、結論為中心，因此經常疏忽他人的情緒。<br>● 會出現以目的為前提建立關係的傾向。<br>● 他人無法輕易靠近。<br>● 不工作就會沒有活力。<br>● 比起與他人合作，更熟捻於獨立作業。 |

成就取向型有強大的推動力，沒有恐懼感所以容易下決定，這樣的特質對經營企業很有幫助。你有與眾不同的直覺，知道人資該如何分配與管理，很能說服他人，在激勵別人工作方面也很出眾。有能力看見未來方向與藍圖，因此很容易就能轉成富人金錢模式。但需要把合作的夥伴們組織好，不可或缺的是能在執行上輔佐你的參謀。當你能取捨且專注，就能創造成就。

## ❹創意藝術家型

| 優點 | 缺點 |
| --- | --- |
| ●具有創意。<br>●有獨特的一面。<br>●藝體能方面很突出。<br>●具有獨創性。<br>●有亮眼的魅力。<br>●看事情的眼光不同，有很多點子<br>●一個人也能玩得很開心。<br>●是最有能量的類型。 | ●對於感性和變化比他人都敏感。<br>●追求完美。<br>●絕對不做不喜歡的事。<br>●有時候會強人所難，或是不好相處。<br>●情緒起伏嚴重。<br>●很挑剔、很敏感。<br>●會感到難以適應。<br>●有時會無法融入團體。 |

創意藝術家型善於創新，這個類型能以獨創的點子創造財富。適合藝術家、哲學家等職業。發揮你的才能吧，然後仔細思考該如何將才能與物質世界做結合。不管是產品、文化或藝術皆可，找出能創造財富的點子吧。如果能有效地將藝術世界和物質世界做結合，就能發揮出爆炸性的效果。

但有一點一定要小心，那就是「千萬不要認為物質世界是次等的」，抱持這種想法將會阻斷你的財源。

## 特質測驗剖析案例

接下來我將分析之前在諮商研討會中，兩個進行過特質測驗的結果。希望透過他人的測驗結果，能幫助你擴張理解範圍。但我希望你們能在畫完自己的圖形之後再閱讀。先看別人的測驗結果，很可能會對你產生影響，導致難以看出自己真實的特質。

下面是五十歲男性自營業主的測驗結果——

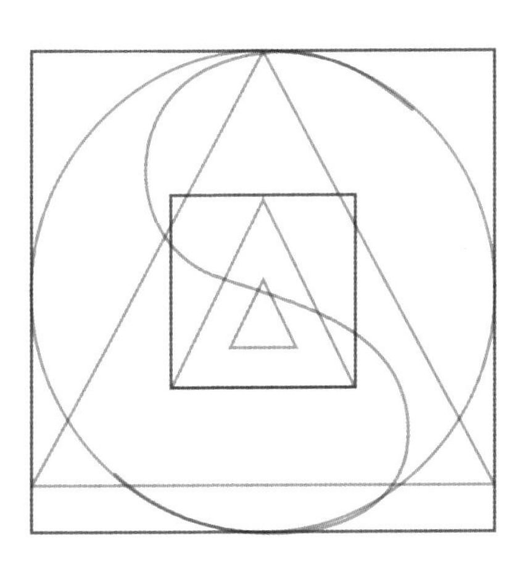

畫三個三角形的人，屬於「成就型」。成就型的人能夠賦予自己足夠的動機，一旦立下目標就會馬上行動，屬於能夠輕鬆嘗試新事物和新挑戰的類型。圖形的大小表示該類型特質發揮的力道，圖形中三角形特別大，能夠看出個案想成功的欲望非常強。

S形代表了自尊心與自我意識，測驗中的S非常大，因此可以確定個案自尊心相當高。

如果擁有這樣特質的人，屬於「衝動型」，那麼就必須要做選擇與集中注意力；倘若是「爭取型」，由於個人能量過於強烈，有可能會讓他人感受壓力，或是做出嚇到別人的舉動。必須注意這點才能維護好關係，同時也才能成為幸福的有錢人。

接著是一位四十歲女性全職家庭主婦的測驗結果——畫了三個圓形，代表個案是「關係型」。這是個喜歡人，並會透過相處獲得能量的類型，是非常喜歡聊天的一類人。

個案的父親是醫師，出生於富有的家庭，與有錢人們建立了良好的人際網絡。三角形圖案非常大，顯示個案有強烈的成就欲望，也富有自信心。

但是三角形的形狀畫得有些不牢固，可以看出個案在日常生活中不太能感受到成就感。

聽完她的故事後，發現她其實很想要實現某件事，但是丈夫不讓她工作，所以長時間以來都被壓制。由於她屬於能夠透過人際關係賺錢，進而開心過生活的特質，因此我建議認真跟丈夫討論，找到能夠透過人際關係賺錢的方法會比較好。

該個案屬於各方面都充滿能量的人，只要能夠取捨與專注，就能夠成功。

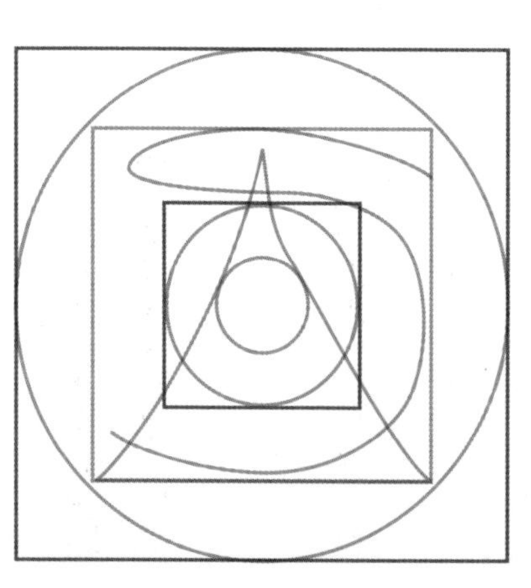

## 享受的人，才是真正「有錢人」

到目前為止，我們已經透過四種圖形簡略地觀察過性格特質了。我們每個人都有不同的特質，有錢人會活用自身特質，以最直接的方式賺取金錢，因此有錢人對於自己不擅長的領域沒什麼興趣。相較之下，屬於窮人金錢模式的人，大多數都無法選擇符合自己特質的工作，只專注於討生活。結果連自己與生俱來、卓越的特質都擱置在一旁。

究竟要怎麼做才能夠讓你所喜歡的事和擅長的事與金錢做連結呢？閱讀下列四項，然後跟著做吧——

❶如果能重新出生，把你想做的事羅列下來（促進想像）
❷在這當中找到你喜歡的事（促進能量）
❸在這當中找到你擅長的事（促進能力）
❹計畫如何將其與金錢連結（促進實踐力）

把前三項問題的答案寫出來後，通常都會找到共同的地方。想想看要如何利用它創造金錢吧，成功的鑰匙就是自我特質。

二〇一八年，Stylenanda 創辦人金昭希代表，以約六千億韓元將持股百分之百轉移給國際企業萊雅集團（L'Oréal），她就是一邊享受一邊工作且十分成功的最佳代表。

喜歡衣服和各式搭配的她，偶然之間將穿著東大門市場購入的洋裝照片傳上網路，收到許多人詢問：「那件衣服在哪裡買的？」以此為契機，發現自我才能的她，自二〇〇五年開始把從東大門購物中心購入的衣服和飾品，透過自身眼光搭配後，放上網路銷售。不但奪得了韓國國內女性衣物網路購物商城第一名的位置，還在創業僅滿十年的二〇一四年，達到銷售一千億韓元的佳績。後來旗下化妝品品牌 3CE 也同樣熱賣，並成功出口日本、中國等國家。

賺錢有各種方式，做喜歡的事賺錢與為了賺錢而做事，是完全不同的。當然，即使不開心工作也能夠賺到錢，只是你就無法成為幸福的有錢人而已。

如果你想成為享受工作同時創造金錢的幸福有錢人，就必須要找到喜歡且擅長的事，努力磨練。曾經身為美國鋼鐵企業專業經營者的查爾斯．施瓦布（Charles Schwab）有句著名的格言：「那些不熱愛工作，只為了賺錢而工作的人，不僅不懂人生的樂趣為何，結果還會連錢也賺不到。」

第三章

# 「窮心態」大改造，關閉「漏財缺口」有絕技

我們會創造出什麼樣的人生，完全取決於我們自己。

——作家 漢斯・柯諾（Heinz Korner）

## 「潛在情緒」難覺察，害人破財而不自知

我們偶爾總會看到，中樂透一夜致富的富翁，不過幾年便一敗塗地的新聞。我曾讀過一個研究結果指出，美國鉅額樂透得獎者中，有九〇％以上都以不好的結果收尾。二〇〇二年獲得三千億韓元的鉅額中獎人，才過五年就變成了乞丐。

為什麼會發生這種事呢？很可能是因為家人、親戚或朋友嚷嚷著：「你既然免費得到一筆錢，就分我一點吧！」如此不斷地跟中獎人伸手；也有可能是他們毫無準備就創業，最後失敗而導致。

然而後來我發現，其中問題的根本其實是——一般的頭獎中獎人，根本沒有足夠能力管理巨額資款，也沒有能使其增值的才幹。像這樣的人，就必須從影響他們心理模式的潛在情緒開始糾正。

如果對於金錢未抱持健康的心理，獲得一筆超出自我管理能力範圍的金錢，你就會開始害怕。如此一來，別說增值了，很可能連保有都很困難。由於潛在情緒產生作用，讓我們感覺必須快點把錢花光，因此這些天下掉下來的錢終究只能不翼而飛。

## 何謂潛在情緒？

每個人心中都有**「潛在情緒」**，那是藏在我們內心深處的核心情緒。舉例來說，經常生氣的人，心中就藏有「憤怒」的潛在情緒；會因為小事而哭的人，就擁有「懷念」的潛在情緒，但是自己卻連作夢都不見得知道。潛在情緒會在潛意識中深根，大部分的情況下連本人自己都沒有察覺。

潛在情緒大致上可分類為委屈、孤單、恐懼、自卑、好勝。這都是受傷時才會產生的負面情緒，因此在開心、愉悅的時候不會表現出來。在像生氣、傷心或壓力太大，這些無法用理性控制自己的狀態下，它們才會忽然湧現。在那些瞬間，內心被激發的潛在情緒，可以說是我們最原始的情緒。

如果你已經了解什麼是潛在情緒，請仔細思考下面問題——你有曾經在不能感情用事的狀況下，因為情緒外露而導致問題發生過嗎？如果有的話，發生的頻率有多常？事態多嚴重？

關於這些問題，你的回答非常重要，因為它說明了為什麼你至今無法過著自己期望的生活，也訴說了你為何不能成為有錢人。如果你的回答是「經常感情用事，也常在某些情況下拿捏不當，導致原本可以輕鬆解決的事態變得更為嚴重」，那麼你很有可能一直以來都被負面的潛在情緒操控著。

潛在情緒有著一旦養成，便會持續造成影響的特性。每當發生與潛在情緒生成當下類似的經驗或事件時，理性就會被麻痺、情緒則自動向外放出，讓我們做出和以前一樣的反應。我們必須警戒潛在情緒的原因就在於此，因為這種情緒會讓過去成為現在的絆腳石。

我們可以在警戒方面積極努力，所幸潛在意識是可以被管理的。而在這裡要注意的一點是——潛在意識不過是人類情緒中的一種，情緒本身並無法代表一個人，千萬不要混淆了。潛在情緒可以長時間維持，但是絕非一成不變，只要透過努力就可以改變。哪怕只有一％的意志，只要你能察覺且意會，就能夠控制九九％的潛在情緒。不要再繼續過被潛在情緒支配的人生了，從現在就開始透過本書介紹的方法，一起努力改變我們的人生方向吧。

## 金錢與潛在情緒

金錢跟潛在情緒究竟有什麼關聯？潛在情緒會不知不覺支配一個人的舉手投足，對金錢也不例外。心態不健康、潛在情緒變得強烈時，金錢會減少，甚至未來就算賺了大錢，錢也會從背後默默流失，到最後手頭還是只能空空如也。換句話說，我們的金錢模式會跟隨潛在情緒而建立。

為了建立健康的金錢模式，首先就是要確切觀察潛在情緒。下一節介紹了能簡單診斷潛在情緒的方法，希望你能活用它，透過閱讀客觀的診斷結果，找出需要改變的地方並加以解決。

金錢模式當然不會因為知道潛在情緒後，就一夕大變。你得先找到金錢層面想完成的目標，並決定與其相符的新金錢模式；除此之外也必須花時間進行系統化的訓練。要捨棄錯誤的金錢模式、找到新的金錢模式，以下的訓練將分為三個階段——

**❶重新體驗自己的潛在情緒：**你要直接面對診斷出來的潛在情緒，才能不再被兒時經歷所導致的金錢模式牽著走。掌握自身問題，就是起點。

幾年前我透過診斷，發現了自己內心裡有著孤單、自卑、委屈的潛在情緒。為了找出這些潛在情緒的出發點，我試著把從小到大的重要經歷都寫在一張紙上——這比我想像得還困難。在回顧過往的過程中，我哭過、氣過，也曾覺委屈。當這些不好的情緒浮現，我也想過中途停止，但一想到錯過這次機會，可能就再也沒有機會，於是忍著走到了最後。

我把事件羅列在紙上之後，努力整理了自己的心情，以客觀的角度看待它們。然後我才開始慢慢看見，是什麼導致我擁有容易失去金錢的金錢模式。

**❷要下功夫學習金融知識：**因為工作的關係，我經常有機會見到有錢人或企業CEO。但我並不會深入去探究他們是如何賺錢的，就算聊天途中有談到，也不會特別注意聽。確認了我的潛在情緒、了解到自己一直以來都帶著與有錢人相距甚遠的金錢模式生活後，我開始努力學

習，而且會特別找一些跟我處境類似的例子做研究。

❸ **設定好新的金錢模式：** 我首先決定一年內要存到多少錢，然後到家附近的銀行做儲蓄。開始儲蓄後，接著進到消費習慣的環節。在下定決心這麼做以前，我總是先消費才儲蓄，所以錢總是不夠，我妻子甚至還勸正在海外留學的女兒先休學回國。

要停掉過去的習慣雖然辛苦，但是為了前往更高的位置，你需要徹底準備好。我的第一順位是捨棄錯誤的金錢模式，讓所有家人都擁有新的模式。這雖然需要很多時間與耐心，但是以結果來看，我做了非常正確的選擇。

## 潛在情緒測驗

現在，我們就要來檢視心中的潛在情緒——這同時也能診斷金錢模式。請在下列項目中，選擇你認為跟自己平常行為或情緒接近的選項，然後算好勾選的數量，填在括號中。

**一、下列項目中總共有（ ）個符合**

| ✓ 標記 | 項目 |
| --- | --- |
| | 經常怪罪別人 |

| ✓標記 | 項目 |
| --- | --- |
|  | 有害怕父母（或其中一人）的傾向 |
|  | 生氣的話會憤怒爆發 |
|  | 經常說「這個不合理」 |
|  | 不覺得權位者很厲害 |
|  | 不能好好休息 |
|  | 具有能洞悉整個組織的卓越眼光 |
|  | 正直 |
|  | 很信任他人 |
|  | 喜歡具有理論性及合理的事物 |
|  | 具有帶領組織的能力 |
|  | 希望他人按照自己的意思行動 |
|  | 總是充滿能量 |
|  | 具有強烈的挑戰欲望與冒險精神 |

### 二、下列項目中總共有（ ）個符合

| ✓標記 | 項目 |
| --- | --- |
|  | 喜歡肢體接觸 |
|  | 別人跟你借錢的話無法拒絕 |

| | |
|---|---|
| | 被肯定時會很開心 |
| | 不喜歡複雜或要身體力行的東西 |
| | 講話不直說，會拐彎抹角 |
| | 喜歡學習 |
| | 做任何事都會有擔心害怕的感覺 |
| | 認為管理金錢不是自己的領域 |
| | 很會看眼色 |
| | 只要社交平台上有人留言就會一一回覆 |
| | 做決定時優柔寡斷 |
| | 在家幾乎都躺著用手機 |
| | 別人經常說自己耳根子很軟 |
| | 與人見面時最感幸福 |

## 三、下列項目中總共有（ ）個符合

| ✓標記 | 項目 |
|---|---|
| | 在聚會中有時連一句話都不說 |
| | 很難開始做一件事 |
| | 只要有人提到什麼，就會把相關的情報全部找出來 |

| | 很在意他人的眼光 |
|---|---|
| | 經常被説很老實 |
| | 想很多 |
| | 有責任感 |
| | 會按照計畫花錢 |
| | 要求完美 |
| | 很難跟剛認識的人相處 |
| | 心裡具批判性且善於做判斷 |
| | 比起投資更偏好儲蓄 |
| | 內心有很多憤怒 |
| | 認為自己是對的 |

**四、下列項目中總共有（）個符合**

| ✓標記 | 項目 |
|---|---|
| | 談話中經常責怪別人 |
| | 不管是對酒或對工作都有上癮的傾象 |
| | 情緒起伏大 |
| | 為了讓別人看到自己好的一面，會包裝自己 |

| | |
|---|---|
| | 很常提過去的事 |
| | 人生很戲劇化 |
| | 懷疑他人 |
| | 花錢的時候會感受到相當大的壓力 |
| | 不能獲得肯定會很生氣 |
| | 錢變少就感到不安 |
| | 認為自己在家人間受到不當待遇 |
| | 喜歡獨處 |
| | 有不可原諒的人 |
| | 自己管理金錢 |

**五、下列項目中總共有（　）個符合**

| | 項目 |
|---|---|
| | 經常聽到別人説自己很強勢 |
| | 有正確的分辨能力 |
| | 富有幹勁 |
| | 認為沒有錢也能成功 |
| | 目標取向 |

| | |
|---|---|
| | 經常憤怒爆發 |
| | 具競爭性 |
| | 有很多討厭的人，但是不在意他們 |
| | 對於新事物無所畏懼 |
| | 周遭有很多有錢人 |
| | 很有主見 |
| | 不和討厭的人見面 |
| | 不擅長傾聽別人的話 |
| | 不管去哪都是自己主導發言 |

都勾好、寫好數字了嗎？這當中標記數量最多的地方，就是目前連自己也沒有意識到，佔據在你心裡的潛在情緒。

現在就來看每一個大項各自代表的潛在情緒吧。一號是委屈、二號是孤單、三號是恐懼、四號是自卑、五號是好勝心。接下來，我將說明每個潛在情緒所支配的金錢模式。

# 衝動購物怎收手？五技巧替你踩住煞車

委屈是韓國人最廣泛存在的潛在情緒之一。為什麼會這樣呢？哲學家兼倫理學家的首爾大學名譽教授「孫鳳鎬」，如此解釋：「因為身為儒教國家的韓國，非常重視孝道的意義。傳統觀念裡，常把出人頭地、讓父母聲名遠播視為孝道，因此也使人成為社會性成功取向。」

有一個題為「想成為班上第一名」的調查，在OECD（經濟合作暨發展組織）平均是五二％；但在韓國，卻高達八〇％。雖然這個想法的優點是「強烈的好勝心會讓人努力，」不過由於也會產生相對的剝奪感和猜疑妒忌，更成為了加深矛盾和不幸的要因。

這導致韓國至今道德性仍偏低，薄弱的公平競爭精神也是大問題。根據二〇一八年國際透明組織所發表的資料顯示，韓國的世界透明指數排名第五十一位，日本排名二十位、台灣排名二十九位、波札那排名三十四位。這正是造成不幸情緒「委屈感」的根源。

這種委屈大多源自於整體社會風氣，但也可能是因為把生活中遇到的所有事情都藏在心中，或受父母影響，從小就感覺委屈。在此特別要關注的是——這種委屈感往往會從父母身上接續到下一代，而在接續這項負面情緒的同時，十分驚人的是，連金錢模式都會一起被繼承。

## 人生為何有這麼多「委屈」？

我認識的一名中年男子，就是這樣的案例。他繼承了充滿委屈的潛在情緒，同時連賺不到錢的金錢模式也一起繼承了，日子過得非常疲憊。

四十歲的A，父親是次子，不過卻與父母同住。他小時候是與祖父、祖母、父親的兄弟姐妹跟他們一家人，一起住在同個屋簷下。那個年代大部分父母都由長男照顧，因此一般來說，父母的財產會留給長男。

但是A的大伯因為酒精成癮，把家裡的財產揮霍殆盡，導致身為次男的父親必須擔起整個家。他的父親雖然生活艱難，卻努力照料了所有弟妹，直到他們結婚。這當中還因為爺爺賭博，搞得傾家蕩產。每當他父親拚命湊錢、費盡千辛萬苦買到一頭小牛，他的爺爺就會把牛牽去賣，然後再把錢全拿去賭博、輸得精光。

所以說，A的父親心裡多委屈啊。父親留在他腦海裡的記憶，是一位時常大吼大叫的人，也許吼叫是他父親紓解委屈的一種方式吧。

諮商過後我們才發現在這種環境下成長的他，內心也有很多委屈。雖然沒有像父親一樣直接親歷過委屈的事件，但是卻繼承了這個潛在情緒。而且他總是會在別人叫好的時候，輕易投錢進去投資。

之前就曾發生過一件事——A雖對房地產一無所知，但在某個人的介紹之下去看了一塊地，當下房仲不斷勸他買地：「今天不買，很快就會賣掉了，這裡多適合以後自己蓋間田園住宅來住啊。就連當地房仲都沒有如此珍貴的情報，所以說千萬別跑去問他們。」

他很輕易地相信了這段話，立刻就買了地，結果事後了解才發現那塊地其實是綠化帶。就算彼此已經認識很久，也不應該盲目相信房仲業者的話。如果當時A有去向當地其他房仲打聽消息大概就沒事了，但草率的簽約卻讓他背負了重大的損失。

後來有位專家向A建議：「總有一天綠化帶會解除，但是你千萬不能急著賺錢。你再做更多投資，會失去讓財產增值的機會，也會產生機會成本。如果必須要等十年的話，你就失去十年的時間了。」

這就是帶有潛在委屈情緒的人們的金錢模式，又可說是「衝動型」的典型形象。他們只要感覺一來就會付諸行動「先做」。他們有可能大好，但傾家當產的危險性也極大。

只要對對方稍有了解，他們就會產生過度信任的傾象，不會去計較對方言語中的真偽、完全相信對方，因此容易吃虧。吃虧了之後更委屈，又再加深並固化了潛在的委屈情緒。

只有了解自己具有什麼樣的心理模式，才可能逆轉整個情況。但如果你不加以改變，就只能不斷莫名地上當，直到有過幾次像A那樣的失誤，才猛然意識到自己的問題。

## 能量過剩的人

委屈是很強烈的能量，不但折磨著不少人，還繼續從父母身上轉而延續至下一代。想擺脫這個負面情緒，有一點一定要銘記在心——委屈是自己一直以來不該懷有的情緒。你只是被錯覺所騙，委屈並不是你本來的情緒，只是你不知不覺中，被整個社會和父母親給影響了。

衝動型只會關注前方，卻常常忽略了周遭。因為強烈渴望可以快速成功，也因此容易上當。具有優秀的決策力、具有熱誠，已經做好要享受財富的準備。不過也會因而引起了解這種心態的騙子們，虎視眈眈地盯著你。因此，要以一種凡遇石橋都要敲敲看它堅不堅固的細心心態，努力找到正確的情報。如此一來才能避免失誤，讓金錢模式變得健康。

如果你是衝動型，先為自己開心吧。你充分具有能夠改變人生的能量，只不過因為能量過剩導致自己衝動行事，所以需要一點訓練。你要訓練自己「停下來」，鍛鍊自己不要讓行動跑在思想前方；有投資機會的時候不要盲目跟從，要花時間思考及調查——可以更進一步問周遭了解該投資的他人或專家、留點時間聽取建議也是很好的解決方法。如此一來，衝動型在短時間內成功的可能性就會非常高。

當損失金錢的情況減少後，強化委屈感的事件也會自然而然減少，潛在情緒改變的一天自然會到來。

下面就讓我們來看看，衝動型追求的目標是什麼，又應該朝哪個方向前進，金錢模式才能變得健康。

## 「慎重」為你守財富

A接受金錢模式輔導後，開始改變了。他了解了自己的潛在情緒和金錢模式後，為了將其改變成健康的金錢模式，開始投入練習，把本來馬上要實行的事情都先暫停了下來。不久後，A的朋友向他提議一起出資買重建公寓。

朋友不斷說：「只剩下一間了，所以要快點買。」「等到明天的話，房子可能就沒了。」

如果是以前的A，肯定會相信對方

**衝動型金錢模式**

| | |
|---|---|
| **特徵** | • 不瞻前顧後，說做就做<br>• 想一步登天，有強烈渴望想要一夜致富<br>• 隨時都做好開始的準備<br>• 能夠果斷冒險<br>• 信任他人會導致判斷力下滑<br>• 具有挑戰的特質，會導致忽視細節<br>• 沒有恐懼，善於突破環境<br>• 容易注意力渙散，需要克制<br>• 遇到可憐的人，會不顧一切幫忙<br>• 重視此時此刻的幸福 |
| **目標** | • 此時此刻一定要幸福 |
| **解決方法** | • 吃飽了就不要繼續吃，吃之前要先停下來<br>• 為了改掉這種輕鬆賺、輕易賠的金錢模式，必須先以誠實為本<br>• 不要一個人做決定，多問問周遭的人，向專家尋求建議<br>• 不要當場做決定，先緩一緩，欲速則不達 |

的話，拿出簽約金當天直接簽約。但這次他並沒有那麼做，取而代之地向很多人打了電話，確認這項情報的正確性。他打電話給許多有過購買重建案經驗的人，掌握了不少訊息。他替先前習慣以直覺決定的「衝動型」金錢模式踩了煞車，對於個性衝動、著急的他而言，這是一項偌大的變化。

在這個過程中，他收集到許多對於重建案的良好建議——❶要確認有無追加負擔額；❷要確認地主們的土地補償問題解決了沒；❸一定要了解周邊目前的房價等。一項一項確認後，A發現那間重建公寓比目前的房價還貴，並沒有任何優勢，最後放棄了這個簽約機會。

這件事，成為A改變心態的契機。過去經常賠錢的錯誤金錢模式，開始往好的方向修正了！不管他人怎麼催促他「快點投資」，他都努力讓自己不被迷惑。

開始留時間給自己，去深思熟慮要不要投資並收集情資後，他有了這樣的想法：「到我下最終決定前，還在的就是屬於我的，不在的就不是我的了。」

沒錯，衝動型的人其實只要多留點空間，就不會犯錯了。確實對衝動型而言，要推遲決定並不是件簡單的事。但你只要先幫自己踩煞車，得到好處後就能以此為契機，漸漸滋養能夠克制衝動的力量。失去金錢是一瞬間的事，對於衝動型而言更是如此。凡事小心謹慎的習慣，就像是帶領衝動型前往健康金錢模式的最佳引路人。

下面提供幾個幫助衝動型克制的實用好方法，這些方法其實也適用於接下來會提到的耳根子軟型——

- 容易衝動購物嗎？那就不要使用信用卡吧，改用只能使用固定金額的金融卡，再更好的方法是只使用現金。只要這麼做，就可以有效減少衝動購物的次數。
- 就算有想買的東西，也不要立刻就買，給自己思考時間。大部分情況下，十分稀奇地只要時間一長，對那個東西的欲望就會下降。請到時候再判斷那個東西是不是真的非買不可。
- 只要有人向你借錢，請無條件拒絕。倘若真的難以拒絕，就先說你要跟某某人討論一下，不管那個人是父母、配偶都可以。跟對方解釋，如果要借錢出去，就一定要先聽取這位某人的意見。
- 如果曾經借錢出去，但是對方似乎沒有要還款的意思，請至少跟他表達一次「請還錢吧」。如果在這之後還是杳無音訊，那就放下吧。乾脆真心地祝福這個人吧，這筆錢有一天一定會以其他形式回到你身邊的。
- 聽到投資情報的時候，不要單獨做決定，一定要找周邊的人或是專家問問看，這時才是得到正確情報的核心關鍵。

## 撒幣無法補空虛，內心「孤單」這樣平復

慣性情緒會決定我們人生的天氣。你平常都以什麼情緒生活呢？那個情緒會決定你的人生是陰天或是晴天。換句話說，如果不想被情緒擺佈，就要練習設定好自己每天的情緒。問問「我是誰？」並在這當中決定好：「我應該享受的情緒是什麼？」建議每天都要反覆思考，然後加以選擇。如此一來，才能夠逃出過往已經習慣的扭曲潛在情緒，以及那個只會讓你賠錢的金錢模式。

接下來我要說一個因長久以來錯誤的金錢模式，不斷折磨著我的故事，它是從名為「孤單」的潛在情緒中衍生出的金錢模式。以前我經常借錢給別人，我總借出自己荷包裡的錢，甚至曾經貸款借錢給嘴裡說需要錢的人們。然而問題是，這些錢總是沒辦法回收。就算是該收的錢，我也很難開口對別人說「還我錢」。

這種事情反覆發生，某天妻子對我生氣地說：「你每次都以同樣的方式在賠錢！」

然後她叫我自己去做潛在情緒的測試（她是這本書的共同作者，也是個心理學博士）。測驗的結果，孤單、自卑、委屈分別獲得了一、二、三名。她說「果不其然」，接著又問我：「你

最喜歡唱的歌是哪一首？」

我回答自己最喜歡的歌是向日葵的〈用以愛情〉，歌詞為：「我活著的時候又多了一件事要做，站在風吹草動的原野裡我也一點都不孤單。」唱著這首歌的時候，我眼前就好像浮現了自己站在原野中的畫面。

我告訴妻子這個故事，沒想到她突然間大喊：「等一下！站在風吹草動的原野裡我也一點都不孤單？這真的很孤單，你已經掉入孤單的陷阱裡了。」

然後她警告我「陷入孤單的話，你就不能活得像自己」。她說出這句話的瞬間，我確實才驚覺深藏在我心中的潛在情緒究竟是什麼。沒想到替他人諮商時，需要保持客觀立場的我，卻這麼難在自己的問題上做到這一點。

當下我突然想起了孤單的小時候，自己經常在想：「為什麼我只有一個人？為什麼我身旁沒有父親、母親？」身為國小老師的父親，因為需要頻繁調派，為了不讓年幼的我太辛苦，把我留在了祖父、祖母家。

由於我跟哥哥姊姊的年齡差距都很大，所以從小沒有什麼人可以一起玩耍。雖然年紀還小，卻感到孤單。也因此我跟祖母的關係最親密，特別是漆黑的夜晚來臨之際，我絕對不離開祖母身邊。

誰知道這會成為我的人生模式？當我察覺這個模式跟金錢有關係，而且對我產生了劇烈影響時，我真的無法不驚訝。

## 「孤獨」讓人吃大虧

沒錯，我的潛在情緒就是孤單。為了獲得愛與肯定，我對他人總是花錢不手軟。因為這個模式受害、最辛苦的人就是我的妻子，如果沒有她英明地點出問題，我可能不會知道這個孤單其實並非是真實的我，結果繼續跟妻子發生爭執，而且連原因都不知道，艱辛地與孤獨奮鬥。

她對我說：「原來你容易相信別人的原因就來自這裡！」

比起家人，我更容易相信其他人的話語，所以當我發現這個導致不斷損失金錢的模式時，我瞬間打了個冷顫。但我終於找到頭緒，知道如何不再無謂耗損金錢了。

孤單的行為模式不僅侷限在金錢問題，也出現在家庭關係中。

過了那段幾乎跟祖母單獨膩在一起的幼年時期，為了學業，我從國小六年級就離開小鎮獨自生活。對我而言，幾乎沒有跟家人熱熱鬧鬧相聚的經驗。因此婚後在家裡吃飯時，每當餐桌擺好，我就會自然而然地走進廁所，我甚至沒有發現自己會這樣。直到事後分析我才知道，自己是因為跟幾個家人聚在一起而感到不自在，所以才不自覺做出這樣的行為。

其實我是屬於喜歡人群的關係型。但是面對兒時沒有經歷過的家庭溫暖，不知道為什麼總感到不舒服。取而代之的是，我企圖透過他人來填滿藏在內心深處的孤單。這份孤單導致每當有人向我借錢的時候，我總是無法拒絕，因為我潛意識裡認為如果不借他錢，這個人就會離開我身邊。由於總是答應所有人的要求，所以跟我一樣具有孤單潛在情緒的人的金錢模式，被稱為「耳根子軟型」。

這個類型在信任他人方面，雖與衝動型類似，不過耳根子軟型的狀況比衝動型更為嚴重。衝動型是有把握就會相信；耳根子軟型則是不管說什麼全部都相信，有十個人說話，就認為他們十個人說的都是對的。應該說是單純還是愚笨呢？總而言之，就是容易上當受騙的類型。

## 充滿著愛的人

你孤單的分數很高嗎？沒關係。孤單與你並不同，你本身就是充滿愛，且喜歡人群的人。只要了解這件事，從現在開始擺脫這個名為孤單的負面情緒就行了。如此一來，你就不會再被他人牽著鼻子走。而且擺脫了孤單以後，也會為錯誤的金錢模式帶來改變。

如果你的孤單持續加劇，就會出現中毒的傾向，其中又分為很多不同的現象。首先是過度信任他人。耳根子軟型通常在戀愛中無法建立健康的人際關係，比起以成年人方式一起創造共通點，更傾向於迎合對方並依存，或者是會出現完全相反的情況，費盡心思希望對方眼裡只有自己。

另外，耳根子軟型會不斷地送異性禮物，「消費」就是耳根子軟型的金錢模式。如果對方不喜歡這份禮物，就會生氣或是鬧彆扭。如果分手會怎麼樣呢？分手的話，就會完全變另一個人，四處謾罵對方，或者是陷入憂鬱症當中。然後他們會再找另一個人，替補空缺的位置。

耳根子軟型在團體中也容易因為過於信任他人而出現一些問題。幾年前我曾替某建設公司的社長諮商過——當時那個社長患有憂鬱症，深入了解之後才發現他把全部的財務都交給一位員工兼朋友管理，結果財務被掏空。這個事件導致本來經營良好的公司，好長一段時間都深陷危機。他從那之後他就很害怕人類，而且變得十分憂鬱。

在這個層面上，耳根子軟型跟前面討論的衝動型有許多相似的地方。衝動型是把事情當成中心發展；耳根子軟型是以人為中心發展。再加上耳根子軟型不懂瞻前顧後，信任他人而花錢的狀況比衝動型嚴重，也是最容易發生金錢損失的一種模式。

耳根子軟型除了對人以外，也容易對酒、工作、賭博、多媒體、購物等事物成癮。會為了自己不斷購買某種東西來填補空虛的心裡。這類型的人有很明顯的共通點——想要填滿孤單，換句話說，就是心裡有強烈被愛的渴望。

有一次，某位四十歲的女性，向我吐露心聲表示自己因為丈夫，心裡很不是滋味：「我覺得很丟臉，所以連向身邊親近的人都開不了口——我丈夫三年內換了十幾次車。」

這對夫婦因為經商失敗，把之前住的大樓轉手，搬到了二十坪的公寓中居住。房子雖然變小了，但車子卻沒有減少。在家裡的財務情況已經不太好的情況下，竟然還有一台進口車跟露營車。

問題出在她丈夫不斷購買不需要的汽車，然後反覆拋售，有些車甚至還沒搭過就被賣了。他們的金錢損失理所當然地增加了，然而對於她的丈夫而言，買這些東西是幸福又令人滿足的事。令人惋惜的是，他企圖利用消費來填補自己孤單空虛的心，不但沒有效果，反而只是反覆做著毫無意義的事。

接下來讓我們來看看，究竟耳根子軟型追求的目標是什麼，又應該朝哪個方向前進，才能夠讓金錢模式變得健康。

## 「目標與計畫」是解藥

耳根子軟型是內心比誰都溫暖的人，他們的溫柔讓人們總是想要親近。看起來像孩子一樣單純，內心也與外表一致。當他們缺乏的愛與肯定被滿足後，就是比任何人都還能維持健康關係的人。

耳根子軟型需要的是**目標與計畫**。只要把能量投入在目標與計畫中，你就不會過度依賴他人，或是被牽著鼻子走了。除此之外，耳根子軟型的人也必須明確地知道自己是誰，不要忘記自己有多重要。

如果你都不改變，孤單就無法被填滿。你在消費時獲得的感覺並不是真實的！請銘記在心，人類的空虛感，只有愛可以填滿。

光靠心裡知道，還是不足以真正改變金錢模式，你必須要有戰勝自己的訓練——要把根深在潛意識中的負面潛在情緒改變成正面思

### 耳根子軟型金錢模式

| | |
|---|---|
| **特徵** | •多屬於不懂人情世故，天真浪漫的類型<br>•面對金錢會產生逃避現實的想法<br>•就算衝動購物，也沒在擔心卡費<br>•容易被他人的意見說服<br>•被拋棄或獨處會感到難受<br>•希望有人能夠帶領自己，所以會選擇有力量的配偶<br>•優柔寡斷，經常看別人的眼色做決定<br>•經濟方面有依賴現象，並常感到無力<br>•怕對方受傷，會拐著彎說話，因此別人容易無法理解自己說的話<br>•想討好別人<br>•很在意外貌 |
| **目標** | •不被遺棄，獲得認可 |
| **解決方法** | •了解自己已經是被愛的存在了<br>•一個人做決定，培養任何事都能自己完成的獨立性<br>•擺脫被拋棄的恐懼<br>•培養能自我反思的內在力量<br>•要有明確的目標意識 |

維，持續反覆實踐。

在此我推薦「寫一萬遍」這個方法。首先，請逐一回想自己曾經被愛的大大小小的經驗。在腦海中回味過去的經驗後，寫下這個句子：「我是被愛的人。」

成功人士為了達到目標，也會做出與寫一萬遍類似的行為。更何況你是為了找到自我，能不寫嗎？在寫下一萬遍這麼多的數量後，腦海中會出現各種想法，你可能會聽到自己內在的聲音，例如：「我什麼時候得到過愛？」「這算是告白嗎？」就算如此，也請不要放棄。只要你寫超過五千遍，一定可以感覺得到微微變化。等到你真正完成這項功課，就算有人說出傷害你的話，你也會自然出現這樣的反應：「不管怎麼樣，我是被愛的。」這就是曾經極度孤單的潛在情緒，已經被治癒的證據。

只要透過書寫一萬遍，讓潛在情緒發生變化，你的人際關係就會變得更健康，接著便能擁有不再浪費財富的金錢模式。

## 怕賠小錢不投資，如何滾成大錢？

有些人心中的潛在情緒是「恐懼」。我曾遇到一位首爾大學的男學生，他的自我反省指數很高，是一位非常老實的青年，但是他患有焦慮症及恐慌症。

他對我說：「我也想跟其他朋友一樣，在上課期間上台報告或發言。但我卻怕教授點到我回答問題，所以不知不覺就會坐在角落，頭低低地躲著，想盡可能讓自己低調。因為心跳太快，我實在難以承受。」

「你對於自己這樣，有什麼感覺？」我問他。

「比笨蛋更爛的廢物。」這位青年很自責。

究竟這麼聰明的一位青年，為什麼對每件事都如此恐懼？為了找到原因，我們開始諮商。談話的最後，我才了解青年很懼怕自己的爺爺和父親。

我對他說：「教授不是你的爺爺跟父親。」

青年找出自己錯誤思考的出發點後，我出了兩個簡單的功課。第一個，去餐廳吃飯小菜不夠的時候，大聲拜託：「阿姨，請再給我一點小菜。」第二個，寫出一百個對自己的稱讚。

在青年消除恐懼之前，我首先要改變他對自己的觀點，訓練他鼓起勇氣。

完美主義型的人就跟這位青年一樣，內心裡有很多衝突，而這些箭靶主要都射在自己身上。完美主義型很聰明，能力也很好，做每件事都是徹頭徹尾。由於會帶給跟自己共事的人方便，所以到哪裡都很受認可，在組織中更可以擔任優秀的參謀角色。

然而你若問起完美主義型的幸福指數，通常都令人意外地低落。由於他們具有不完美不行的恐懼，不僅對自己，對身邊人的期待指數也非常高。如果家庭成員中有這種類型的人（特別是父親），會很難從他身上得到稱讚。

## 太過追求完美，活著好累

讓我們來看看完美主義型和前面的衝動型、耳根子軟型有什麼差異吧。首先，請試著回答這個問題：「如果給你一段足以出去旅行的休假，你會去哪裡？會去幾天？什麼時候去？跟誰一起去？」

各個金錢模式的反應是這樣的——衝動型毫不猶豫就會出去旅行，他們的想法是：「有什麼好猶豫不決的？有一張卡就夠了。」就算是出國也沒關係，機票買好、帶一本書就可以馬上出發。

耳根子軟型內心跟衝動型一樣澎湃，忙著四處打電話。因為對他們而言，跟誰一起去是最重要的問題。但是由於出發的時間還不確定，雖然是為了找同行朋友而打的電話，但最後卻因為談天說地太開心，時間就這麼一分一秒過去了。有時候，他們甚至很可能忘記自己為什麼要打那通電話。

完美主義型則是會坐在書桌前，開始計畫與家人一起旅行。由於跟別人一起出門太彆扭，放著房子不管又會擔心。所以他們偏好家族旅行，時間通常不能超過三天兩夜。他們花最多心思計畫要帶多少錢出門，然後錢要花在哪裡，總是要先決定一切他們才能放心。對他們而言離開家——也就是離開日常生活這件事，是一種壓力。

即便如此，責任感極強、所有事情都追求完美的完美主義型，就算熬夜也依然會翻遍各大網頁，安排出一個完美的計畫。因此，他們通常到出發旅遊的那天就已經累壞了。把精力都花在完美的準備上，讓他們到了目的地後，已經沒有力氣可以開心地玩樂了。

## 看準「好結果」行動的人

完美主義型金錢模式是怎麼樣的呢？讓我們透過一位四十多歲男性B的案例來了解吧。某一天，B打了電話詢問父親的意見：「父親，我在想，要把大樓賣掉轉買其他房子，不知你覺得如何？」

那間房子是父親買給B的禮物，父親一聽嚇了一跳，連忙阻止：「千萬不要賣，賣了會賠錢的！不要太相信你身邊人說的話，他們都是要騙你的，房子一定要留著，人沒有房就沒辦法生活了。」

聽到父親如此回答，你會如何反應？

衝動型的人，就算父親千叮萬囑，最後還是會照著自己的意思行動。他們一旦判斷這件事是對的，就會賣掉大樓，搬去另外一間房子。

耳根子軟的人則會立刻認同「這樣說也對」，然後又聽到別人的意見覺得「那樣也對」，遲遲無法下決定。

至於完美主義型的B，則是會這麼回答：「好的，父親，我知道了，我不會賣的。不要擔心房子，我一定會留著它。」

接著他會有跟父親一樣的想法，認為自己沒有被旁人所欺騙、沒有失去房子，因而感到安心。對金錢具有恐懼感的父親，就這樣把這份恐懼留給了四十幾歲的兒子B，而B的父親也很有可能是從自己的父親身上繼承了這樣的金錢模式。

潛在意識為恐懼的完美主義型，就算有不錯的機會到來，也會因為看到可能失去金錢的恐懼，導致什麼都做不了——畢竟，沒有比耳濡目染更強而有力的教育方式了。

讓我們再更進一步探究這位男性的故事前後脈絡吧。

他擁有一間位在首都圈裡二十五坪的老大樓。

「把那間大樓賣掉，來首爾買這間大樓如何？KTX*馬上就要開通了，幾年後這間大樓肯定會上漲不少。如果漲了，那麼利潤肯定更高。」一位對房地產投資有獨到見解的好朋友，透露了這個良機給他，並給予他建議。但他就像先前提過的一樣，跟父親討論後決定留下原本的大樓。

一年過去，B朋友勸他投資的首爾大樓，房價漲了七〇%，相較之下，他持有的首都圈大樓卻跌了二〇%。因為周遭新城市裡全新的大樓如雨後春筍般建起，所以房價不增反跌了。

完美主義型的潛在情緒是恐懼。對一個充滿恐懼的人而言，跳脫日常生活、承受風險，都是非常巨大的冒險。很多時候甚至連已經獲得確信的情報了，都還無法付諸行動，他們只在能夠預測到完美結果的時候，才會出手。

很多完美型的人都具有在職場、生活中脫穎而出的優秀才能，但是恐懼讓他們躊躇不前。

* 譯註：韓國高速鐵道，類似台灣的高鐵。

因此即便具有管理和創造金錢的能力，卻仍就猶豫不決。他們不管對於賺錢還是花錢都有恐懼，總先預設好還沒發生的事情，面對金錢時就像膽小鬼一般。

結果，完美主義型只是不斷躊躇，卻無法投資。他們只有原封不動把錢放進銀行才心安，就這樣在需要的時候取一小部分出來使用。

此外，在完美主義型身上經常看見的行為就是「逃避」，他們甚至會選擇根本賺不到錢的工作。

事實上，完美主義型具有賺錢的特質，我指的是他們善於儲蓄，會先把錢存下來，不會隨意使用。但是為了賺更多錢，完美主義型必須要挑戰練習以小金額做投資。

接著就讓我們看看，完美主義型追求的目標是什麼，又應該朝哪個方向前進，才能夠讓金錢模式變得健康。

## 如何擺脫「不完美」的恐懼？

現在讓我們來改變完美主義型的金錢模式吧，改變的核心是**消除恐懼**。如同我多次強調的，恐懼不過是幼年經驗留下的騙局。對完美主義型而言，最重要的就是需要鼓起勇氣。大聲說出這句話：「我體內具有足夠自我選擇及發揮意志的能力。」

不要忘記，恐懼每個人都有，只是程度不同而已。還有也別忘記，你本身就具有勇氣去做那些沒做過的事，擺脫恐懼之後才會看見你真實的樣貌。你其實是更偉大、更厲害的存在。完美主義型的人內心熱忱十足，現在就把這份熱忱拿出來使用吧！

為了確實從恐懼中醒來，你需要一點練習。以下是幾個提議，請持續地做類似的練習吧——

- 大笑吧！笑容不是來自於自信，而是笑了會讓你更有自信。
- 結交新朋友，試著不要侷限在家人和少數友人的交往之中，脫離

**完美主義型金錢模式**

| | |
|---|---|
| **特徵** | • 照顧他人反而忽視了自己內心深處的情緒<br>• 給予他人幫助或鼓舞他人信心時，總是會期望得到自己希望的代價<br>• 無法滿足期望就會失望<br>• 有暗中控制和支配的能量<br>• 跟孩子一樣容易受傷<br>• 追求完美，對自己和他人的期待都非常高<br>• 認為自己無時無刻都必須是對的，因此道德標準很高<br>• 只要開始就會堅持到最後<br>• 心裡不安，很會發脾氣<br>• 把焦點放在負面事物上，因此內心很多批判 |
| **目標** | • 自己無時無刻都必須是對的 |
| **解決方法** | • 拋開別人會評價自己的想法<br>• 培養享受的能力<br>• 拋開自我保護的心理<br>• 感謝每一件事<br>• 不要把錢當成是支配的手段<br>• 從小事情開始挑戰 |

有限的人際關係。

- 試著使用社群軟體，多去了解各式各樣人的思維。
- 試著打些瑣碎的工，賺錢的時候會更加深自信感。
- 試著做小型投資，練習讓財產增值。
- 想像自己不斷實踐的樣貌。
- 在新模式產生前，要持續地努力。

以上都是微小的實踐選項。其實只要你能打破一直以來的框架，做什麼事情都可以。先做再說吧！如果已經下定決心要練習，能夠立刻開始是最好的。花費過多時間做準備，只是不必要的浪費。

特別是，你一旦拓展人際關係，變化的幅度就會更大。試著脫離只和家人或是老朋友見面的舊模式吧。記住，世界上每個人都一樣，沒有任何人是完美的。所以敞開你的心胸吧，這麼做不會有人說什麼——而且就算有人說了又如何？有時候當成開個玩笑、有膽識地化險為夷，也會有所助益。正如古話所說：「被罵的人活得更久，多虧罵你的人你才可以活得更久」。

## 「受害心理」是阻礙，把翻身機會擋門外

曾經有一名男子，在位於瑞士鄉間的餐廳享用午餐。正當他要結帳之際，翻遍了口袋都找不著錢包。他抱歉地向老闆說：「我是來這裡旅遊的，可是錢包好像放在飯店忘了帶。我一小時後回來跟您結帳可以嗎？」

此時，餐廳老闆激動地跳起來說：「這怎麼可能！我怎麼可能相信初次見面的你？如果你不馬上付錢，我就立刻報警，快點付錢！」

這時，在一旁看著的員工向老闆說：「老闆，我來幫他付吧，我看他不像是故意要撒謊的樣子，忘記帶錢包出門也是常有的事。」

於是餐廳老闆收下了員工代墊的錢。

一個小時後，那位客人再次回到餐廳。他向老闆說：「這間餐廳可以賣我嗎？開價多少？」

老闆愣了一下，看著這位客人的眼神，意識到那並非玩笑話。所以他獅子大開口說：「三十萬法郎。」

那位客人二話不說，當場拿出三十萬法郎買下了這間餐廳。接著他把餐廳的營業執照，遞

給了那位員工。他說：「你對我的信任，比三十萬法郎更有價值。」

客人離開了這個村莊，該員工成為餐廳的老闆。前老闆本來因為賺了一大筆錢也樂不可支，然而不久之後，前老闆突然開始覺得惋惜：「當時應該再開高價一點，一口氣大賺一筆。不對，要是那傢伙不在，搞不好我現在依然還是餐廳老闆，而且還可以從那位客人身上拿到鉅額小費！」

這位前老闆把自己對客人不親切的事忘得一乾二淨，使起了壞心眼，在村莊裡散佈謠言說：「我的員工搶了我的店！」

結果不知情的村莊居民們，開始以異樣的眼光審視成為店主的前員工，認為：「這個人怎麼可以做這種事？」

## 「自卑」引發的憤怒

上面這則故事裡，餐廳老闆的潛在情緒是「自卑感」。所謂的自卑感，就是覺得自己不如他人的感覺。其實，每個人心中多少都會有自卑感。下列這些感覺，或許我們都不陌生——

「你姊姊都不會這樣，你為什麼會這樣？」

「班長表現那樣，可是你呢？」

「金組長，你的業績是怎麼了？第一組和第三組業績都提升了，就唯獨你們組業績下滑。」

不僅在家庭，學校和社會裡都一樣。我們不斷被和兄弟姊妹、資優生、母親朋友的孩子、其他組別、上司、後輩等，比較彼此的外貌、個性、運動能力、成績或業績……。而與此同時，名為自卑感的情緒就會從中萌芽。

嚴重陷入自卑感的人，將無法對現況感到滿足，也不懂得感恩。這些心中充滿自卑感的人，被歸類為「被害者型」。這些人常常有以下心理——

「要不是姊姊這麼厚臉皮，母親就不會罵我了……我才沒有錯。」

「都是班長自以為是，要不是他，老師就不會對我說那種話了。」

「氣死人了！都是第一組和第三組害我們被罵的！」

怪罪他人的心理，會容易得出「自己是被害者」的錯誤結論。這是一種責任歸避與自我正當化的行為。會產生這種行為，是因為將錯誤歸咎他人，比起虛心承擔責任並積極解決問題來得更加輕鬆容易。

再來看另外一則被害者型的案例吧。

某天，我的辦公室來了一通電話。電話那端不由分說、沒禮貌地開口就問：「你們那邊做心理諮商跟笑容治療要花多少錢？」

雖然我當時有點不悅，但仍然保持理智地說：「不好意思，請問您那裡是？」

對方一聽，竟生氣地說：「我是巨濟島的一般居民。」

「巨濟島嗎？不過我們沒有提供到府諮商，可能無法為您服務。」

說到這裡對方開始對著電話爆粗口，最後大罵：「怎樣？不缺錢是吧？不過就是間小破店而已……！」就把電話掛了。

這就是典型的被害者型金錢模式。讓我們把注意力放在他因為牽扯到金錢而怒髮衝冠的部分吧——幼時曾因金錢受到羞辱的人，會將許多行為與金錢聯想在一起，並以怒氣呈現，且一輩子被此困住。若他是手頭寬裕的人，會看緊金錢不願失去一分一毫；若是手頭沒錢的人，則會不斷地怪罪於他人。

## 一味責怪的「慈悲效果」

二十年來，每年的十二月，我都會舉辦名為「幸福慶典」的活動，二〇一八年也不例外。

那天活動結束後要去聚餐時，有一位男子正在等著我，原來他在十年前曾參加過我的療癒講座。我很高興地向他打招呼，可是他的臉色卻不太好。

了解之後，我才知道事隔十年，他突然來找我的原因。

他說：「我會這麼辛苦，都是所長您的錯。」

「啊？」

一頭霧水的我聽了緣由，才知道十年前的講座上他認識了一個人。對方從事諮商，他也就跟著對方做了諮商療程。當時他還在上班，所以都利用下班後晚上的時間去接受治療。可是卻因為太過疲勞，反而得了癌症。

「天哪，原來你這麼辛苦。可是這為什麼是我的錯？」

「要不是參加了您的講座，我就不會認識那個人，所以是您的錯。」

「……」

好久不見的他，成為了被害者型。雖然得到大腸癌這件事令人惋惜，不過他過度怪罪他人的態度，卻讓人覺得荒唐。

美國華盛頓大學心理學教授安東尼．格林瓦爾德（Anthony Galt Greenwald）分析該行為的原因，認為是受到**「慈悲效果」**（Beneffectence）的影響。

Beneffectence 是慈悲心、善行的意思。也就是對自己過度慈悲，將問題的原因都歸咎於他處。應屆畢業生在企業入職考試落榜之際，會說出「如果爸媽送我去國外研修的話，我就會上榜了」、「那間公司的合格標準好奇怪」諸如此類話語的原因，也能看作是這種從外部咎責的心理現象。

## 總是愛比較的人

這世界上存在沒有自卑感的人嗎？對學歷的自卑感、對外貌的自卑感、對金錢的自卑感等等，都只是因人而異罷了。

然而，這世上卻有容易陷入自卑感的被害者型；也存在著能輕易消除自卑感，心理狀態健康的人。這些人反而是透過他人的比較與指責去解決問題，同時也會保持樂觀並利用自卑感。這群能夠克服自卑感的人，他們的人生方向會與被害者型朝完全不同的地方發展。

以前我也有段時間喜歡怪罪他人。幾經失去金錢後，我的腦海裡不自覺浮現「為什麼我身邊都只有窮人，錢都留不住」的想法。在那之後如果有人跟我借錢，我就會忍不住在心裡想：「又來了？為什麼都找我借錢？我看起來真的很好說話嗎？」我就是這樣陷入了典型的被害者型金錢模式中。

那之後，一週內竟然有至少三個人來向我借款。後來，我腦海中突然浮出一個想法——是不是我潛意識中不斷抱持著「錢財會向外流」的想法，所以這種能量才會一直牽引著我？

於是，我決定試圖轉換成正面思考，告訴自己：「這些日子來，我只是在幫助那些生活並不寬裕的人。幫助了這麼多人，錢一定也會再回來的。」

人們總是以眼前發生的事作為基準，因此在損失金錢的狀況下，很難保持心情平靜。可是這個轉變卻反而是富裕思維的開始，也同時跟上了有錢人的心理。

是我的，一定會回到我手上——金錢是生命的能量，而能量

**被害者型金錢模式**

| | |
|---|---|
| **特徵** | •活在過去，將自己的處境怪罪於人<br>•有把自己視為被害者的傾象<br>•感情表達強烈<br>•覺得幼時過得很辛苦<br>•父母有被背叛的經驗（或自己被父母背叛）<br>•錢只存在銀行裡<br>•金錢消逝時，會因沒有安全感而無法忍受<br>•幫助他人時，會希望獲得肯定<br>•別人一旦有意見，就容易發火<br>•對於數字非常敏感<br>•不喜歡跟他人走得太近 |
| **目標** | •不被他人背叛 |
| **解決方法** | •面對自己的傷痛，以正面思維重新看待<br>•了解人生不可能獨自度過<br>•想像自己理想的樣子<br>•重新定義人生的價值<br>•原諒背叛自己的人<br>•明白自我價值，培養不畏他人眼光的能力 |

之間會有互相牽引的能力。

接著讓我們來看看，被害者型追求的目標是什麼，又應該朝哪個方向前進，才能夠讓金錢模式變得健康。

## 邁向財富，「自卑感」當跳板

為了改變被害者型金錢模式，有幾項功課必須完成——**知道責任的重要性、改變對自卑感的想法、檢視自己的人際關係。**

首先，你從現在開始要保證「不管發生任何問題，都會自己負責任」。責任的英文是「Responsibility」，結合了「Response」（回應）和「Ability」（能力），也就是說，對事情回應的能力就是負責。

你的人生只有自己能改變，你現在的處境是自己造成的。雖然也有包含一些環境的因素，可是你必須承認大部分都是你自身的責任。如此一來，你才能改變、才能翻轉。嘴上掛著「父母的錯」、「公司害的」、「誰的關係」來逃避問題，從其他地方找尋原因，只會讓問題永遠無法解決。

訓練自己承擔責任的決心，然後跟著一起念出下面這個句子吧：「沒有任何人能代替我過我的人生，也沒有人能替我解決問題。不管是從父母還是朋友身上受過的傷，都只有我能治癒自己。」

再來是第二點——改變自己對自卑感的想法。不要覺得自卑感一定是不好的，因為這世界上每個人都有自卑感。精神醫師阿爾弗雷德．阿德勒（Alfred Adler）就說過：「拿自卑感當藉口，逃避人生功課的膽小鬼比比皆是；不過將自卑感當成跳板完成偉業的人，也不計其數。」

不如活用你的熱情，找到成功人士當典範，從他們的人生中學習成長吧。

舉例來說，軟銀（Softbank）創辦人孫正義的故事就非常耐人尋味。在九州棚戶區出生的他，是第三代的留日韓國人，在當地受到嚴重的差別待遇。

他曾遇到跟有人他說「朝鮮人滾出去」並向他投擲石頭，受了不小的傷，甚至到現在都還能看到傷口。當時他並沒有像其他的在日韓國人一樣悲觀，也沒有因此中斷學業或步入歧途，反而下定決心要去一個「日本以外的地方」。前往美國並完成加州大學的學業後，他創立了風險企業，最後成為了世界聞名的企業家。

最後——你要檢視自己的人際關係。良好的人際關係，是擁有健康金錢模式的必備條件。畢竟說到底，金錢還是從人以及他人手中的情報中而來。因此有必要改善人際關係，架構基礎的人際鏈。

然而，被自卑感所苦的被害者型，因為經常嫁禍他人，人際關係往往不太好。

若想改善，你要先問自問自答，給予自己自我反省的時間——

「繼續這樣下去，我的人際關係會變成什麼樣子？」

「繼續這樣下去，我的未來會變成什麼樣子？」

「我過世時，有誰會來參加我的葬禮？」

「銀行裡的存款，會守護著我嗎？」

英國偉大的小說家查爾斯．狄更斯（Charles Dickens）的經典著作《小氣財神》也是在勸戒此事，這是一部賦予人們動機，改善人際關係的著作。

主角史古基是一位極度吝嗇的人，覺得所有人都在害他，花一點小錢都能讓他膽戰心驚——他一直誤以為只有錢能夠保護他。然而某天，一位幽靈來拜訪史古基，祂讓史古基回想起年輕的時候，心愛女人因為工作而離開他；也讓他看見被枷鎖綑綁的自己，和自己悲慘的葬禮。這之後，史古基終於驚覺——最重要的東西，應該是對他人的關心與愛。而這也讓他從被害者型金錢模式，重新誕生為心態健康的有錢人。

## 先幫別人掙到錢，你才能賺更多

最後要談的是潛在情緒中具有「競爭心態」的金錢模式，我稱這個類型為「爭取型」。

爭取型的人沒有恐懼，善於為人處世，如果有想要獲得的東西，不管用什麼方法都要爭取到。爭取型的潛在情緒——**好勝心**，基本上能量強大，不管是什麼事都想贏。因此只要好好活用，就可以發揮巨大的能量。

接著便來看好勝心是怎麼影響心理模式和行為模式，又是怎麼左右金錢模式的吧。

### 好勝心的負面發展

有位B課長跟同事一起去聚餐。享受完美味的晚餐後，接著去了保齡球場。他們三個人組成一隊開始了比賽，可惜B課長所屬的隊伍最後輸了。因為只是好玩才辦的比賽，不管是贏的隊伍還是輸的隊伍，都在和氣融融的氣氛下，笑著道別。

但是那個晚上，B課長卻無法入睡。輸掉比賽讓他覺得太生氣又太憋屈，他不斷想：「我竟然輸了，該怎麼做才可以贏呢？」

深思熟慮後，他下定決心要學保齡球。隔天B課長就去報名了專業保齡球選手開設的講座，花了幾個月砸重金學了保齡球。成為了保齡球專家的他，又再一次和同事們較量保齡球。理所當然，這次拿下勝利的是B課長的隊伍！

好勝心就是指和他人較量時，想要獲勝或超前的心理，有點類似負面能量。好勝心強的人，若在跟他人比較時感覺自己不夠好，就會心理不舒服到無法忍受，因此他們沒辦法為他人的成長獻上真心祝福。他們只要輸了就活不下去。

爭取型的人明確地知道力量如何構成，因此會集中注意力在力量和權力之上。不管是在家庭還是職場，都想坐在支配結構的高位。這種傾向可以發揮成領導力，但若太過分，則會成為引起糾紛的原因。

爭取型的人會將好勝心往負面發展，當猜忌心與嫉妒感過剩時，就會對組織產生負面影響。有時候還會因為個人，導致整個團隊在未來發展上產生問題。當上司或高層屬於爭取型，也可能會發生擅作威福的情況。

當然，這個世上不可能沒有競爭，但不論如何都是過猶不及。請回想一下學生時代，應該也有為了成績不惜踩著別人往上爬的同學吧？職場上也有紅了眼就是要追究他人對錯的同事吧？又或是有人會在人事考核上拚了命、用盡心思想把別人拉下來。

不管對誰而言，賺錢都很珍貴，認真讀書與工作的態度也都很重要。但是必須重新思考的是——如果這個念頭已從想把自己的事情做好，轉變為去貶低他人的行為，究竟是否還正確。

好勝心強的人，獨立的傾象也很強烈，所以不管被放在哪個環境裡，都能夠做得很好。最大的優點是具有強烈的成長欲求以及良好的問題解決能力。白手起家成功的人士當中，就屬這類人最多。

但是以自我為中心且具支配性的傾象，也會帶來相對的代價。因為爭取型往往把軟弱的一面視為致命弱點，就算有困難也無法向他人開口，甚至會因此導致心病發生。

## 「自我中心」強烈的人

爭取型在社會生活中，幾乎不會損失金錢，因為他們是賺錢如戰士般強悍的類型。他們明確知道什麼時候要開始、什麼時候該結束，大部分屬於熟練又果決的投資家，擁有卓越的實踐力，一但決定要完成，就會下定決心立刻行動。他們具備優良的網絡與正確情報，善於找到哪裡有財源。

爭取型金錢模式的錢，經常是以自我為中心流動。他們不管到哪都想展示自己的統治力，因為他們的潛在情緒是好勝心，具有透過支配他人，來確定自己地位，因而感到幸福的傾向。

因此爭取型周遭人幸福指數低下的情況很常見，結果只有他自己是幸福的。雖然不確定是否能成功，但能確定的是人際關係並不太好。

真正健康的金錢模式，不只要有管理金錢、創造金錢的富饒意識，也必須同時兼備以共同福祉為取向的價值觀。因此，爭取型必須檢視自己是不是過度以自我為中心。

那麼爭取型追求的目標究竟是什麼？他們要往哪個方向努力才能讓金錢模式找回健康？

## 喚醒「共同體意識」

還沒成熟的爭取型，往往不知道自己就是爭取型。爭取型為了受益，有時會無意間做出一些不道德的行為。

我認識的友人中，有一位五十歲的醫師，

**爭取型金錢模式**

| | |
|---|---|
| 特徵 | •花錢為了把他人引領至自己的方向<br>•對於利用金錢支配有強烈欲望<br>•已經擁有需要或是想要的所有東西，卻仍經常感到不安<br>•有強烈劃分你方與我方的傾向<br>•不管用什麼方式都要贏了才會甘心<br>•不太能感到滿足<br>•認為沒有不可能的事<br>•不管在什麼情況下都充滿自信 |
| 目標 | 不喜歡看起來柔弱，具有支配力 |
| 解決方法 | •只因成就感到滿足的傾向，會容易讓人感到空虛，要學會感謝現況<br>•把賺錢的價值從自身擴張為共同體<br>•不管面對什麼人都要覺得他很珍貴<br>•為了共同體，要學會分享 |

他就屬於爭取型金錢模式。他不僅以醫師的身分聲名遠播，在他接手一間面臨營運困難的醫院，成為院長時，也只花了六個月就轉虧為盈，連在組織管理方面也很優秀。

但是這位院長竟向自己的病患銷售個人副業相關的健康產品，導致了一些問題的發生。

如同此例，爭取型的人為了賺錢可以不顧一切採取行動，有時候會引起一些道德問題。他們大部分在成長過程中都經歷過痛苦，即便獲得了社會成就，或已在專業領域上取得成功，可是那些痛苦還是留在潛意識中，因此讓他們執著於金錢。

爭取型若想擁有健康的金錢模式，必須要緩和潛在意識中因好勝而產生的缺點。首先，不僅物質世界，也要訓練讓精神世界變得和諧。如此一來，才能更了解自己和周遭，以開闊的視角和甦醒的意識，成為一位謙卑且名符其實的領袖。

此外，爭取型還必須懂得感謝現在生命中享有的一切。同時也要深入思考：「為什麼要工作，又為什麼要賺錢？」透過這樣的訓練，才能不以自我為中心，走向懂得關心他人的共同體意識。

不要只會用焦躁的好勝心，讓自己一個人過得幸福；而是要找出方法，讓周遭的人也一起幸福起來。如此才能成為賺錢不感覺空虛的有錢人——一位真正幸福的人。

為此，下面我列出諸位著名人士對於賺錢的想法，希望你閱讀後能銘記在心。

「想要賺錢，就要先幫別人賺到錢。如此一來，才會有更多機會和市場為你敞開。」——**阿里巴巴創辦人 馬雲**

「至今我沒有一個事業是為了賺錢才開始的。不論是什麼事業，都要問自己『你能提供人們需要的東西嗎？』『我們自己能為此感到自豪嗎？』以這樣的想法為出發點，錢財自然會隨之而來。」——**維珍集團**（Virgin Group）**董事長 理查・布蘭森**（Richard Branson）

「我至今遇過無數的億萬富翁，他們沒有一個人只想讓自己成為有錢人。」——**前高盛**（Goldman Sachs）**董事長 吉姆・奧尼爾**（Jim O' Neill）

「我從來不為了金錢而熱誠工作，是因為熱誠於工作所以才有了錢。」——**蘋果創辦人 史蒂芬・賈伯斯**

「為了賺錢的野心而做一雙皮鞋，必定會失敗。想要做出一雙好鞋，必須從對人的憐憫與愛出發。」——**菲拉格慕**（Ferragamo）CEO **薩瓦托・菲拉格慕**（Salvatore Ferragamo）

「富有的秘訣很簡單，只要找到可以帶給他人更多幫助的方法即可。付出更多的行動、給予更多的照顧，成為更大的存在，再給予更多的奉獻。如此一來，就會有更多賺錢的機會到來。」——**心理學者、《錢》作者 托尼・羅賓斯**（Tony Robbins）

「人們為了賺錢而工作；但是為了找尋人生意義，會更努力工作。」——**史丹佛大學商學院教授 傑佛瑞・普費弗**（Jeffrey Pfeffer）

「金錢如果是人生的目標，便難以達成。愛上你現在的工作吧，然後重新審視你的顧客，這樣成功就會悄悄找上你。」——**麥當勞**（McDonalds）**創辦人 雷・克洛克**（Ray Kroc）

「許多人抱有錯誤的思想，認為企業是為了賺錢而存在。你必須更深刻地思考，找到存在真正的價值。如此一來，就能成就獨自無法成就之事。雖然已經是老話一句，但你將會得出『為了社會貢獻而凝聚，所以有被稱為企業的這個組織存在』的結論。」——**惠普**（HP，Hewlett-Packard）**共同創辦人 大衛・普克德**（David Packard）

第四章

# 擺脫貧窮世襲，打造「金湯匙」的心理重建術

改變最辛苦的不是想到新的事物，而是要從既有的框架中脫穎而出。

—— 經濟學家 約翰・梅納德・凱因斯（John Maynard Keynes）

# 窮個性會遺傳？「負面習性」的潛移默化

有錢人會生出有錢人；貧窮的父母則生出貧窮的孩子，這是真的嗎？每當我遇見成功的 CEO，總會問他們：「您的父母是有錢人嗎？」他們多數會回答：「是的，他們經商過。」雖然也有些因為父母英年早逝，留下孩子一個人吃盡苦頭，或者父母曾經商失敗、事業毀於一旦。但總之，他們大多曾經富有過。起初發現這個共同點的時候，我受到了非常大的衝擊。

人必然會繼承父母好的一面與壞的一面。世界著名教育學者兼心理學家李夫．維高斯基（Lev Vygotsky）便指出：「父母的行為會對孩子造成極大影響。生活中的每個瞬間，甚至父母不在家中的時候，孩子們都還是在接受著教育。父母穿什麼衣服、以什麼樣的方式表達自己的人快樂和不開心、怎麼對待朋友和仇人，還有他們怎麼笑、看什麼書，在教育上都具有極大的意義。」

無可避免的是，父母是孩子第一個接觸的成人。孩子的個性、品德、習慣等各層面自我，都是在模仿父母的過程中形成的。孩子是父母的鏡子，他們看著父母的背影成長。西方還有句諺語說：「最棒的遺產就是父母的好習慣。」

金錢方面也是同理可證，父母對待金錢的態度，會在不知不覺中對孩子產生影響。舉例來說，一個看著節儉母親長大的孩子，自然而然會接收母親對待生活的態度，成為和母親相似的守財奴——或者完全相反，因為過於討厭母親節儉的習慣，成為與母親截然不同、會過度消費的人。總之，兩者都不會是我們所期望的金錢模式。

想要擁有富人金錢模式，首先就要先觀察父母的金錢模式，接著檢討自己的金錢模式。你要在過程中放大自己的優點，掌握並改正缺點和問題。

## 三大「壞習性」，讓貧窮變常態

我們與自身父母究竟接近哪一種金錢模式？下面將提出三點最不好的窮人習慣，請一邊閱讀一邊回想自己家裡的生活習慣吧。

第一點，**沒有配合能力，而是過度消費**。

父母的生活如果是以消費為中心，兒女的金錢模式也會以消費為中心。如此一來，收入只會成為負擔支出的媒介。

每當我的演講對象是學校家長，我總會提到一句話：「不幸福的父母，無法教育出幸福的孩子。所以，父親、母親必須是最幸福的人，這就是留給孩子們的精神遺產。」

金錢模式與此相同。如果父母不懂得節約與儲蓄，孩子理所當然也無法學習節約與儲蓄。以前大部分的家庭都是單一收入，但現在許多都已經變成雙薪家庭。因此，相對來說父母與孩子們共度的時光也減少了。許多父母會因愧疚之心，用玩具或是金錢補償孩子。但這樣的行為，等同於在教導孩子「我想要的東西都可以買」的盲目消費習慣。

那麼身為父母究竟應該怎麼做呢？以我家舉例——我們夫婦有三個孩子，這當中老二屬於比較常消費的類型，所以有一天我找他一起談談。

「如果你把爸爸、媽媽給你的零用錢全都花掉，二十幾歲的你會變成怎樣？三十歲又會怎樣？假設你二十五歲後就會開始工作，然後上班三十年，六十歲的時候辭職。你接著得要用那三十年來賺到的錢，再過四十年生活。你會怎麼想？」我很認真跟孩子聊這些關於金錢的事，某位友人知道後非常驚訝。

他問：「怎麼這麼早就給孩子這種壓力？」

我的想法跟他不同。我認為在為時已晚之前，應該要立刻矯正他的習慣。這不僅單純是習慣問題，如果放任不管，等於讓他繼承了窮人金錢模式！哪怕只有我一個人，也要跟他分享，用生活實踐給他看。

接著我要提到的是高三兒子的故事。他一位生日較早的朋友成年後，向他炫耀自己買了一台車。那個朋友從高中開始就很努力打工存錢，並用那筆錢買了一台車。我兒子也許很羨慕那位朋友，提起了好幾次關於朋友車子的事。

於是我向兒子問了幾個問題：

「那台車算是消費？還是資產增值？」

「當然是消費。」

「好。那麼如果那台車不是小客車，而是貨車的話呢？」

「那麼也有可能屬於資產增值吧。」

「沒錯。如果你能把小客車也用在資產增值方面，就可以換個角度思考了。」

我透過與兒子聊天的時間，努力灌輸他聰明消費的觀念。過度消費只不過是讓人邁向貧窮深淵的壞習慣罷了。

讀到這裡的你有什麼想法呢？你是否困惑地在思考：「我應該要忽視現階段的幸福？要無條件忍住不消費嗎？怎麼可能都不花錢只存錢！」等等！我從來沒有說過完全不能花錢，只不過是說**有錢人不會這樣子花錢**。

那些已經身為有錢人的人都不會這樣過度消費，連有錢人的邊都還沒沾上的人，有資格過度消費嗎？請你認真的想一想吧。

第二點，**與錢有關的負面口頭禪**。

父母親在不知不覺中傳遞給孩子的負面認知中，最強勁的就屬「語言」。

你有沒有與錢有關的負面口頭禪？如果有的話，必須馬上改進。因為它不僅正在對你，甚至對你的孩子都正在產生負面影響。「我沒有錢」這句話特別是大忌，令人意外的是，這句話卻是在人們生活中很常見的話——

「薪水繳完卡費就沒錢儲蓄了。」

「我們家本來就是窮二代，沒什麼錢……。」

「貸款還了好久，我們夫婦手上沒什麼錢。」

「哪來的錢借你？我連要花的錢都沒有了。」

類似上述的話全都禁止！這些話就如同在以語言傳遞貧窮。老是說這些話，哪天你可能就會活在貧窮的人生當中。

再來聽聽我們家的案例吧。由於我們夫妻的三個孩子中，最大的孩子正在留學，我們常常在管理金錢的方面放很多心思。

有一天要發零用錢給孩子的時候，我說：「省著點用。」

孩子回應我：「爸爸你每次發零用錢都會說這句話。」

「啊……我有嗎？」

其實我自己根本沒有意識到，是聽了孩子的話才知道我總是如此。明明直接給錢就好了，為什麼要說這些話？老實說我並非認真在和孩子對話，只不過是多加了句左耳進右耳出的嘮叨而已，應該不至於深植在孩子的心中。想到這裡，腦海裡浮現了我小時候，母親每次給我零用錢的時候都會跟我說的一句話：「省著點用。」

我瞬間起雞皮疙瘩——原來這句口頭禪是從母親那代留下來的。

聽著父母不斷說「省著點用」這句話長大的人，就算遇到該花錢的時候，也會不由自主出現「要省錢才行」的想法。不做不必要的花費是對的，節約與儲蓄也非常重要，但是必要的消費還是要花。我們沒有必要把貧窮的心理和貧困的態度繼續傳給下一代，節約和貧窮是不同的概念。

第三點，**習慣了不良的生活習慣**。

你現在的行為大部分是從幼年時期持續至今。而且有很高機率，是將父母的行為原封不動地學了下來並且跟著做。如何？聽到這些話心情有突然沉重了起來嗎？

某次有一位來諮商的女性，對我說出了這樣的話：「我丈夫乾脆晚點回家還比較好，最好等到孩子們都睡了再回來。別人老是說希望父親能夠早點回來，但那是他們不知情。我們家丈夫提早回來，只會不分晝夜一直看電視。這樣能讓孩子學到什麼？」

你的父親總是在飯桌前看報紙嗎？而現在的你也正在飯桌上，用著智慧型手機找新聞看？或者，你是看著沒有進行經濟活動的父親成長的嗎？不良的生活習慣對你不好，但更不好事情是，你會無意間繼承那樣的習慣。

父母的好習慣會改變孩子的未來。身為世界知名電動汽車公司特斯拉（Tesla），和宇宙產業開發公司 SpaceX 執行長的伊隆．馬斯克（Elon Musk），他的母親梅耶．馬斯克（Maye Musk）就是典範。她已年過七十，但仍然是一位活躍的時尚模特兒兼營養學者。

梅耶還有另外兩名孩子，兒子是餐飲企業 CEO，一個很出色的人；女兒則是受矚目的電影導演。身為單親母親獨自教育三個孩子的梅耶曾指出——成功教育子女秘訣的首選，就是生活習慣。

她說：「我在教育孩子們的餐桌禮儀方面非常嚴格，其他部分則從來不多嘮叨。但我自己會努力在孩子面前，不說、不做那些無禮的話語和行動。然後展現一輩子勤勉生活的樣子給他們看。」

## 抹去創傷，擺脫「貧窮世襲」

哪有父母會想要原封不動地將貧窮習性留傳給兒女的呢？如果你不想，身為父母的義務就非常明確了。你必須先除去前述所有的窮人習慣，然後透過確實的經濟獨立，消除自己對金錢的創傷。

我的友人當中有一位四十幾歲的女性。她小時候父母就離異了，她父親雖然是經濟學教授，但再婚後經濟狀況漸漸變得困苦。她的繼母屬於大把大把將父親的錢花掉的類型，所以她總是告訴自己，在經濟層面絕不想變得和父親一樣。

長大後她結了婚，雖然一直期望能夠自己賺錢過生活，但丈夫以子女教育為由，強烈希望她當全職家庭主婦。於是她開始思考在家能夠做什麼，最後選擇了股票投資。問題就出在，她是在對股票一無所知的情況下開始投資的。雖然不是什麼巨額款項，但她總會因為投資失利導致錢財一洗而空。

丈夫後來才知道這件事，他對於妻子對經濟活動的熱誠也終於舉雙手投降，於是她才正式踏了出去。

在友人的介紹之下，他見到了一位大規模投資房地產事業的社長。在房地產的「房」都不知道是什麼的情況下，就跟對方表明自己有意願工作。社長看出她異於常人的熱情，也破例雇用了她。

在這之後，社長第一件做的事，就是消除她對金錢的創傷。社長表示自己也會做股票投資，所以給了她一點錢，要她一起試試看。

一段時間之後，他們確認了彼此的投資成果——社長買的股票扶搖直上，但她買的股票價格卻失利連連。她忍不住問了社長：「為什麼社長買的股票都漲，我的卻下跌？」

「所以說妳應該先問問專家的意見！什麼都不問就自己投資，結果才變成這樣。你現在知道什麼都不懂就直接投資，是行不通的了吧？」

得到巨大教訓的她，忍不住接著向社長提問：「那您為什麼要給我那筆鉅款呢？我什麼都不懂啊。」

社長回答：「在股票上賠錢，才能夠消除你對股票的創傷。如此一來也才能抹去錯誤的模式，重新開始。你要先改變對金錢的想法，錢才會進來。」

社長這才開始一一教導她專家知識與訣竅。學習並研究金融知識的同時，她漸漸開始創造豐厚的收益。從此她便透過股票投資，揮別了過去的陰霾。

我聽完她的故事後，也對那位社長的話感觸良多——如果想要賺到錢，就必須先去除自己內心的創傷。如果不這麼做，損失金錢的模式很可能又會再次運作。

她作為一位勇敢挑戰職場生活的家庭主婦，後來究竟發展得如何呢？由於那位社長擔任導師，有條不紊地教導了她許多賺錢的好方法，最後她成為了一名連新聞都報導過的知名女性CEO。

## 與父母的關係，決定你與金錢的關係

擁有健康金錢模式的第一項功課，就是「維持與父母的關係」。從父母身上養成的思考，會決定你的財富。請回想一下你兒時的經濟來源是誰吧，可能是父親；可能是母親；也有可能是祖父母或親戚。

在大部分家庭裡這個角色都屬於父親，所以在這裡我將會先以「父親」為家長，繼續接下來的闡述。請你根據個人情況，設定好適合的經濟來源者後再開始閱讀。

我曾經遇過一位二十九歲正在準備公職考試的待業生，他認為自己是窮二代。在我看來，他父親是大企業的理事，家裡也過得不錯，就算不是金湯匙也算是銀湯匙了，不過他卻把自己認為是「土湯匙」。

對話的過程中，他向我分享了與父親之間不好的回憶。大概是他小學五年級的時候吧。哥哥在數學考試中拿了一百分，但他卻只拿到五十分。看到分數後，父親叫他和哥哥並排站好，並且嘲笑他說：「你長大後真不知道能做什麼？拿到這種分數還能幹什麼事？你要是有一半像你哥就好了。」

我問他在記憶裡，當下是什麼感覺。

「真的很想逃走。」他回答我。

我又問他在產生這種心情的同時，心裡在想著什麼？

「我是沒用的傢伙。」

我問那樣的他怎麼看待人。

「別人應該都在嘲笑我吧。」

我問他怎麼看待這個世界。

「就算沒有我，也會持續運轉。」

最後我問了他：「那麼你覺得自己應該怎麼繼續生活？」

「到一個沒有人的地方生活。」

以上就是這位青年的信念、世界觀、思想模式。這樣的人能夠賺到錢嗎？絕對不行。有這樣想法的人，會迴避金錢，就算錢找上門，他也會在不知不覺中拒絕。

當然，經過與我的諮商後，他已經過著改變後的人生。不但修復了和父親的負面關係、把「沒有用」的想法轉變成為「沒有不可能」；獲得自我節制的能力後，他還考上了公務員，目前職場生活適應良好。

## 「童年傷痕」修復指南

現在我就要公開改變這位青年人生的關係修復指南。首先是二階段回想——

**❶在腦海中回想你的父親：**當你想著父親的時候，最先出現的想法是什麼？富裕的父親？可怕的父親？沒有夢想的父親？不懂負責任的父親？喝酒的父親？生病臥床的父親？讓你只想避開的父親？

說到「父親」，在你腦海中浮現了什麼形象呢？請試著用言語將它表達出來。我們不要模糊不清的表述，請參考下列的例子，將形象具體言語化。

> 一、我記憶中的父親是什麼樣的人？
>
> 例如：父親在我還小的時候，就把我交給奶奶和爺爺。我總是覺得成長過程中自己沒有父親。還有，父親是我會想避開且令我害怕的人。

**❷找到與父親幸福的回憶：**第二階段，我們要回想與父親相處時的幸福回憶，就算與金錢無關也沒關係。不管跟父親關係多不好，相信至少會對父親有一件美好的回憶。如果一時想不起來，請閉上眼睛慢慢回想你的幼年時期、學生時期，然後試著回答以下問題。

一、回想與父親的幸福記憶吧。

例如：小時候，我們一家人一起住在鄉下房子裡。某天晚上全家一起去抓螢火蟲，平常很木訥的父親開懷大笑，我們一家人也都跟著大笑了。

二、當時的心情如何？寫下你的感受。

例如：看到父親笑了，我覺得很幸福。

三、在那個氣氛下，你認為自己是怎麼樣的人？

例如：我是幸福的人。

四、在那個情緒當下，你對於人的想法為何？

例如：人在黑暗中也能展開笑顏。

五、在那個情緒當下，你對於世界的想法為何？

例如：世界很幸福。

六、所以你認為自己應該怎麼做？

例如：所以我應該也要跟著開懷大笑。

你可以再想想其他與父親相關的幸福回憶，反覆回答幾次上述問題。如此一來，你就可以更加了解自己，也就更能夠找出幸福的時候你會想什麼、做什麼的模式。

你的信念、世界觀、習慣，都是在與父親的互動中形成。與父親的關係會影響到心理模式、行為模式、金錢模式。因此如果結果是正面的，你只需要繼續發展自己期望的事物即可；如果是負面的，就必須要改變。關於療癒的過程，會在接下來的部分進行探討。

## 「負面回憶」如何扭轉？

現在讓我們開始試著找出從親子負面關係中衍生而成的心理模式吧。一般來說，比起正面回憶，人們會擁有更多負面的回憶，這是大腦自然產生的現象。

世界著名腦科醫師丹尼爾．阿蒙（Daniel Amen）博士便指出——人類的腦袋生來就容易往消極的方面發展。這是由於遠古人類必須在山林叢野中躲避野生動物或其他種族的襲擊，因而發展出的生存機制。

他在著書《用大腦改變你的年齡》*中提出下述例子：「假設有一天你感覺頭疼，然後放任大腦自然往消極面走，在一瞬間可能就會被捲進最壞的腳本裡，然後說出『天啊，我長腫瘤了』這樣的話吧。」

不過是幾秒鐘短暫的頭痛，卻立刻在腦海裡成了跟棒球一樣大的癌症腫瘤，甚至連臨終的樣子都浮現眼前，這就是人類的大腦。在大腦的如此作用之下，每當我們遇到心情或狀態不好的時候，就會自然浮現負面想法。與父親的關係越不幸福，這種負面強度就會越強，原因出在你「不曾經歷過安定的感覺」。

接下來就來檢視你內心有什麼負面的回憶，或負面的信念、價值觀、模式吧。如果發現了扭曲的層面，就請試著讓它找回健康。過去的傷口不是問題，問題是你怎麼去認知——能夠改變認知，也是一種希望。下面的案例是由我的妻子填寫的，她把自己人生的故事一五一十地都寫下了。

---

* *Use Your Brain to Change Your Age*，Harmony 出版，二〇一三。

一、請回想與父親的負面回憶。

例如：父親在一顆蘋果樹前，拿著長棍打了母親。我坐在地板上看到這個場景，大聲哭喊了起來。

二、當下感覺如何？請寫出你的感受。

例如：真的很害怕，怕母親死掉。

三、在那個情緒當下，你認為自己是怎麼樣的人。

例如：感覺自己很渺小脆弱。

四、在那個情緒當下，你對於人們（包括父親）有什麼想法？

例如：人一生氣就會失去理性。

五、在那個情緒當下，你對於這個世界有什麼想法？

例如：這世界不合理也不公平。

六、因此你認為你該怎麼做？

例如：因此我認為自己絕對不能輸給男人。

我妻子對父親也有不好的回憶，而且在它的影響之下，她一直認為自己絕對不能輸給另一半。透過這個練習，她更加了解了自己的心理模式。不僅認知到「只透過具邏輯且合理的方法無法改變這個世界」，對於感性層面的東西，也有了更深入的理解。

請再多找幾個與父親相關的負面回憶，然後依序回答問題。你將會理解這段時日以來，自己辛苦、也讓周邊人折騰的真正原因。更重要的是，你還能找到自己都沒意會到的負面模式。而這，就是打造富人金錢模式的第一階段。

這個練習也能應用在其他方面。不僅限與父親關係的記憶，還可以想想自己討厭的人，或是害自己損失金錢的人的回憶。重點是**重新解讀**——這是為了打造富人金錢模式，為了突破你一直以來堵塞的能量。

## 創造富足「金錢記憶」，連奇蹟都會發生

我曾為一位四十幾歲的男性進行金錢模式諮商。兩週後，他打了一通電話給我說：「上次進行諮商的時候，我們一起解決了我與父親關係的問題。結果才不過兩週，我就拿到了幾個合約。您也知道從我創業起，過去一年之間幾乎沒有訂單，所以才會來找您諮商——這真是太神奇了！」

他一直以來都沒辦法獲得父親的認可。在諮商中，我衡量了他與父親的距離，兩人間隔得十分遙遠。他與錢的距離也一樣，金錢在離他很遙遠的地方。

所以說，經濟來源者與自己的距離，和你與錢的距離幾乎一模一樣。在金錢模式的諮商中，我最先做的事就是修復個案與父親的關係。一旦成功，接著與金錢的距離也會縮小，於是金錢就開始流入了！

### 需要錢，就有錢

你的父親對於金錢抱持什麼樣的態度？我的妻子聽了之後開始回想，並說：「父親是獲得

金錢的唯一渠道。」她小時候在農村生活，每當到了不適合耕種的冬天，岳父就會和區裡的其他長輩一起打花牌當娛樂。這個時候，就是我妻子要零用錢的最佳時機。

「爸爸，給我一百塊就好了。」這個時候岳父總會給她零用錢，因此我妻子對於金錢的信念始終都是「需要錢的時候就會有錢」。她直到現在仍堅信需要錢就會有錢花，而這就是所謂富饒的意識。

再舉個例子吧。我妻子每當錢不夠時，就會吶喊：「我需要錢一定就會有錢，六百萬快來找我吧！」

那是我和妻子在寫諮商學博士論文的時候，付完女兒的留學費用後，我們不夠錢再繳學費了。她每遇這種時候，就會很有自信的說：「不要擔心，需要的錢肯定會自己冒出來！」我們的學費後來怎麼了呢？兩天後，戶頭突然匯進了六百萬韓元。一位CEO下個月要委託我們去演講，先支付了講師的費用。這是奇蹟嗎？還是能量吸引導致的結果？

與她相較之下，我沒有這種經驗，也沒有富饒的意識。反而在小時候有許多跟金錢相關的不好回憶，認為家族紛爭都是金錢而導致——在我還沒從窮人金錢模式轉變成富人金錢模式之前都是這樣。

那麼你呢？請試著回答下面的問題吧。

你對金錢抱持怎樣的信念？
例子：需要錢的時候就會有錢。

假如你有和我妻一樣「需要錢的時候就會有錢」的信念，每當你需要錢的時候，這個信念不管用什麼方法，都會讓你獲得金錢。但如果你的信念是「錢總是不夠多」，可能就會導致你的行動經常受阻；如果你的信念是「錢夠用就好」，在這樣的影響之下，你的工作可能就只會讓你賺到足以生活的費用而已。

信念具有力量！如果真的想要突破自己的極限，如果想要擁有新的金錢模式，就要向自己提問——

「怎麼做才能變得富饒？」
「怎麼做才能讓錢跟著我跑？」
「怎麼做才能增加收入來源？」

在這自問自答之間，你對金錢的既有思考方式就會改變。焦點並非在擁有什麼，你將會發現金錢是無限的，而且可以被創造及管理。你也會了解關於金錢，你究竟從父母身上繼承了什麼樣的想法，並且能再加以判斷這個想法是否健康。你已經下定決心要改變心理模式和金錢模式了嗎？

基督教說：「凡事要守護你的心與想法，生命的根源由此而出。」佛教說：「我們現在的存在就是我們思想過後的結果。」印度教說：「人生是由自我思想而實現。」不僅止於宗教，某間有名的移動通訊公司的標語也是「隨心所欲」。

以上所有句子的重點都是一樣的，人生由思想構成。曾任哈佛心理學教授的威廉．詹姆士（William James）就曾留下一句偉大的話：「我們這個世代最偉大的發現，就是**只要改變自己的心境，就能夠改變自己的人生**。」

我們必須改變自己的想法，為了自己，必須要擁有金錢富足的信念，再從心理模式到金錢模式一鼓作氣將其改變。

## 重新詮釋「負面記憶」

我們體內的可能性，無法跨越過去經歷的藩籬。有錢人通常對金錢有好的回憶，就算沒有這種經歷，也會回首過往、從中學習獲得啟發。

其實就算沒有從父母身上繼承任何東西也無所謂，這世界上並非所有的有錢人，都只從父母身上獲得好的一面。但如果都不努力，就會原封不動地繼承父母身上的不良模式。利用新的金錢模式，可以抹去過去的記憶，創造新的金錢能量。如此一來，過去金錢觀中的負能量自然就會消失。

現在就來找回你對金錢最初的記憶吧。還記得小時候跟錢有關的回憶嗎？

一、寫下跟金錢有關的初期記憶。

例如：那是父親領薪水的某天，發生了夫妻爭執。看著在寒冬中被丟到院子裡的薪水袋，我跟姊姊深怕一萬塊飛走任何一張，飛奔跑向院子把錢撿起來。

二、那時你的感覺是？

例如：很恐慌。

三、在那個感覺當下，你認為金錢是什麼樣的東西？

例如：金錢是吵架的開端。

四、在那個感覺當下，你認為自己應該做什麼？
例如：如果不想被看不起，就必須賺錢。
五、透過這件事你有學到什麼嗎？
例如：原來我的自卑感已經到感覺沒錢就會被看不起的程度了
六、如果要以正面角度重新詮釋這件事？
例如：真是幸好。姊姊跟我把父親的薪水分毫不差撿了回來。我在找東西這方面果然眼明手快。

你關於金錢的初期記憶，可能是好的也可能是不好的。如果它是不好的，你還有機會可以改變。以我為例，我自己就有不好的回憶，主要是「沒錢就會被看不起」、「有錢就會吵架」。因此就算賺到錢，我也有無法存錢的心理和金錢模式。

如果你跟我一樣，有關金錢的初期記憶是不好的，那就做做接下來的功課吧。請注意，什麼樣的回憶較多並不是重點，重要的是以健康的方式重新詮釋金錢。要找到你的金錢模式，強化好的方面，重新詮釋壞的部分。

接下來，只要強化正面回憶，不管是誰都可以擁有富人金錢模式。

## 用「好回憶」打造富習性

現在就讓我們一起來試著強化正面回憶吧。

一、寫下你關於金錢的正面事蹟。

例如：辭掉公司工作之後，我去位在九尾的LG集團講課時，九十分鐘的演講收到了等同一個月薪水的酬勞。

二、那個時候你的感覺是？

例如：哇！好神奇，好開心！

三、在那個感覺當下，金錢對你而言是什麼東西？

例如：賺錢原來很容易。

四、在那個感覺當下，你學到什麼東西？

例如：加強自己的能力，就能夠隨時提高收益。

五、以現在的視角來看，為了賺錢你應該做什麼事？

例如：我在業界已經開紅盤，必須要使其整合。

找到跟金錢有關的好回憶很重要，因為如此一來才能強化對金錢的正面能量。如果找不到，就算只是撿到錢的經驗也沒關係。請在這個經歷中找到「我不賺錢也會有錢財流入」、「我運氣真好」這類的正面記憶。

然後，回答完第五點，架構一個具體的計畫。如果你是要認識他人，那就找找身邊可以幫忙的人，然後開始拓展人脈。

有一次，某位在斯里蘭卡創業的女性客戶來找我諮商。她是一位很有錢的企業家，對待別人很慷慨，對自己卻很精打細算。

「不知道是不是因為小時候過得太困苦，我沒辦法替自己買名牌或昂貴的衣服。但我的孩子們完全不同，他們在富裕的狀態下長大，能夠泰若自然地買名牌。我只要稍微買貴一點的東西就會有罪惡感。有時候我真的很羨慕孩子們能夠懂得享受。」說出這句話的企業家，臉上浮現了苦澀的表情。

我當然也不是要你們隨意地亂花錢，但如果空有錢卻完全不懂得享受，也無法成為幸福的有錢人。

在跟她談話的途中，我發現她在貧困的幼年時期，曾失去過一位弟弟。所以只要穿好的衣服，或吃高級餐廳，時不時就會想起弟弟。

我問她：「如果弟弟還活著，看到姊姊這個樣子會說什麼呢？」她回答：「他應該會不喜歡吧，應該會叫我不要活得像個乞丐。」

金錢會透過好的能量而來。你要幸福、懂得享受，錢才會找上門來。為了能成為這樣的人，請先想想跟錢有關的正面記憶吧。如果沒有，就去創造吧。

如果你想問我該怎麼做？去買一杯咖啡請別人喝，然後告訴自己「因為我有錢才能買咖啡，所以我要賺錢」，然後為此高興、感謝。

已經都確認好你對於金錢所保持的模式了嗎？你有了解到自己是個怎麼樣的人了嗎？找到有哪些點應該要修正了嗎？希望你能把這些步驟當成是穿上富人金錢模式的第一步，然後繼續做下去。

# 重建自我價值觀，翻轉貧窮宿命

價值觀在第二章已經討論過，所以你應該很清楚價值觀可以喚醒人們的熱情、賦予動機、提供想賺錢的理由。

我最近又深切感受到價值觀的力量。

有一次我和從事建設業的社長聊天，他打算進軍菲律賓，所以正在把韓國境內的建設事業做收尾。由於這個消息太突然，所以我問了他：「奠定了這麼久基礎，公司好不容易走到這步，為什麼要去國外？而且還是菲律賓？」

「我去了菲律賓和帛琉旅行，看到那邊的人日子過得非常困苦。他們因為沒有工作機會而閒置了人才。我看見他們的貧窮正在代代延續，就像是一九七〇年代的韓國。我想起小時候，美國傳教士教育我們、創造工作機會，於是我突然也想做這樣的事。我想透過教育和工作機會，將貧窮掃去，讓他們過上好日子。」

在一直以來認真工作賺錢的社長心中，又多了一個新的價值觀。這個價值觀不斷向他自己提問：「該怎麼做才能讓這些人過上好日子？」「我要怎麼做才能讓菲律賓的人一掃貧窮、變得富有？」

價值觀正是促發賺錢熱情的基礎來源，你必須要擁有價值觀，才能成為富有且幸福的有錢人；必須要有價值觀，才能從沒錢的狀態重新開始。但是大部分人在成長的過程中，都沒有認真學過價值觀這樣東西。

說到透過價值觀創造整體的企業，我最先想到的是Juno Hair。幾年前開始，為了將「打造興致文化」導入Juno Hair，我在替他們講課的過程當中，和賣場店長建立了良好的關係。Juno Hair的江潤善代表已經在各界媒體中，以獨特的企業文化著名。我在一旁觀察代表跟店長們的關係，發現真的跟其他企業都不同。他們像是家人，卻又彼此尊重，對於賣場營運的意見能夠自由討論，代表也能自然接受意見。比起上對下的關係，更像是合作夥伴。

創造出這種文化的江代表，她的價值觀又是從何而來呢？她是聽著「讓別人受益更多」這句話長大的。她不管做什麼事，都會先苦惱這件事是否能替別人帶來幫助。所以她才會下定決心把自己的房子賣了，帶著幾名店長一起去國外進修。Juno Hair所有的費用都以卡片結帳，為的是讓稅金能夠透明化。如果你問她「是以什麼為基準創造出這樣的企業文化？」她的回答只有一個，因為「讓別人受益更多」就是江代表的價值觀兼企業哲學。

人們來找我的時候，經常問我：「所長，怎麼做才能讓環境產生變化？」「怎麼做才能控制感情？」「怎麼做才能修復關係？」

其實，讓人們潰堤的原因不是環境、感情、能力、適性等。那究竟讓人們潰堤的原因是什麼？是自尊心嗎？有個比自尊心更高一層的東西嗎？那是什麼？

在分析的最後，我發現就是多虧了價值觀，我們才能在自尊心瓦解的時候站起來。價值觀是人生的方向，許多人就是因為沒有價值觀來引導人生，精神才會崩潰。接下來，我將深入探討價值觀，而且我相信金錢模式也應該建立在其之上。

價值觀就是如此重要，但即便如此，我們卻往往都不曾正式學到「人生應該跟著價值觀走」這件事。我們接收了小時候反覆從父母身上聽到的話語，及大多數社會人士追求的價值，將其當成自己真正的人生價值觀般奉承。這樣的情況下，許多人連錯誤在哪都不知道，就這樣繼續傻傻地活著。

## 拋棄錯誤價值觀

有一次，我遇見一位神職人員的妻子，她說了這樣的話：「我兒時是在母親無數的怒罵下長大的。母親動不動就向我和姊姊破口大罵說『就妳們這種東西，能做出什麼大事！』我真的很討厭母親隨口亂說，也不喜歡她踐踏我的自尊心。但沒想到我這麼討厭的行為，自己卻也在做。某天我突然驚醒，發現自己也說著從父母身上繼承下來的那些錯誤話語。我禁食了二十天，一而再、再而三地下定決心絕對不再說出這樣的話。每當我生氣的時候，我就回到房間堵住自己的嘴巴。你知道嗎？要不說錯一句話有多辛苦，但是要說出一句錯的話卻如此容易。」

我對她的話感同身受。跟著父母教導與定義的方式生活，是自然且容易的，但如果父母的方式是錯的，就不該再繼續一味接受，要盡早覺醒、努力改變。

心理狀態如此，那麼金錢狀態呢？她說她小時候從來沒有吃過零食，因為她的父母總說：「沒錢，妳自己去賺錢買來吃。」當她的價值觀、金錢模式改變後，現在的她開始在網路上創業賺錢了。

你也有從父母身上繼承而來的言語習慣嗎？當父母說出某些話時，你會感覺厭倦、生氣、煩躁，那麼很可能這句話對現在的你，已產生了相當大的影響力，特別是在心理模式與金錢模式上。

接著我要來談談我的故事。我的父母在經濟上非常辛苦，所以每當孩子們要求他們買東西給自己，他們總會說：「眼光放低一點生活吧。」「腳踏實地生活吧。」「鴉雀追趕白鶴會把胯下給扯傷。」

當時我感覺好像是對的——不，我甚至認為理所當然，這些話都是對的。否則我怎麼會在小學寫座右銘的時候，寫下「我要有分寸地生活」呢？

當時我以為那句話是美德，但它其實才不是什麼美德，而是妨礙我人生發展的絆腳石。受到那句話的影響，讓我不知不覺成為一位面對挑戰會猶豫不決的人，認為不挑戰才是遵守自己的分寸。

三十歲後期我遇到了困難，那時候我問自己：「我所謂的分寸是什麼？是按照父母留給我的宿命論生活嗎？我不能做鴉雀的夢嗎？我明明能夠追求更高的夢想，但卻被我自己給阻礙了嗎？我只要三餐飽頓就滿足了嗎？」

我想要打破自己的框架，所以下定決心從被父母洗腦的價值觀中逃脫。「我不是白鶴，也不是鴉雀。我不僅僅是可以創造金錢的人，還是一個在每件事情上都能夠計畫活出卓越人生的人！」說出這樣的宣言後，解決事情變得更加容易了。

不管是誰，都一定有能夠做得更好、能夠賺更多錢、能夠爬得更高的一面。拋開錯誤的價值觀後，就要用它們填滿自己。

## 重建富有價值觀

世界著名的經濟學者彼得．杜拉克（Peter Drucker），在十三歲的時候發生了他人生中最重要的事。他們的神父福雷格在宗教課上問了學生們：「你們死後，希望別人記得你們是怎麼樣的人？」

杜拉克說這個問題是改變他人生最重要的問題。在那之後，他透過回答：「死後想留下什麼？」因而能夠不被動搖地持續生活。

樹立起價值觀之後，你就會知道是怎麼樣的原因會讓你想要去做那件事，並明白自己所作所為的背後意義。如此一來，在做事的過程中，你就能夠更加感到幸福，連對事情的滿意程度都會開始增加。

現在，為了找到最適合自己的價值觀，讓我們學習杜拉克向自己提問吧。不光是企業人士，即便個人思考，也必須要經過下列問題的回答過程來釐清。

以下就是設立價值觀的三個問題——

一、你活著的核心價值為何？只要把你所希望的東西，以簡單幾個字寫下即可。若是第一次嘗試做這件事，你很有可能沒有什麼想法。但如果想超越現在，就必須自問自答。解決方法就在你身上，你是有權利過豐饒生活的人。

例如：幸福的家庭、根據才能培養能力。

二、你有「使命宣言書」嗎？將自己的核心價值，以文章的方式寫下。這就是「使命宣言書」。

例如：我要透過人際網絡，以快樂恢復家庭關係，然後跟健康且有能力的老師們一起成立代案學校，打造三百位在人性、知性、關係、財政上具有影響力的領導人。

三、你有「願景宣言書」嗎？把核心價值實現的結果，具體可視化及數值化即可。如果能分為中長期來規畫會更好。

例如：三月，跟各領域優秀的四位 CEO 一起召開一日講座。

八月，進行兩天一夜的金錢模式計畫。

二〇二〇年透過平台建構金錢系統。

二〇二三年開啟代案學校的大門。

國外企業和跨國企業都認為文化會使企業成長，所以他們往往非常重視核心價值、願景、使命等。與此相比，許多東方企業只重視創造收益，沒有像這樣的文化。雖然組織依然有機會可以快速成長，但卻很難走得長遠。個人也是，有價值觀的人不會被金錢動搖，而是藉由價值觀創造金錢。

價值觀是你賺錢的指標，必須要樹立正確的方向，人生才會更豐富、更加游刃有餘。接下來，就讓我們正式進入建立自我價值觀的部分吧。

一、在下列字彙中，選出六個「我的人生中一定要有」的單字。如果沒有想要的單字，也可以自己追加。

家族／挑戰／溝通／忍耐／創意／健康／名譽／信賴／認證／責任／公正／目標／迅速／自律／忠誠／寬容／變化／信任／自尊／傑出／權位／奉獻／力量／和平／均衡／富有／熱情／調和／學習／肯定／愛／藝術／尊敬／犧牲／多樣／誠實／禮儀／宗教／協力／單純／成長／完美／知識／願望／道德／成就／幽默／智慧／信仰／影響／成功（其他：　）

二、參考人生中最重要的六個價值，然後透過下述問題回顧人生。

- 你目前的生活有符合你所選擇的價值嗎？
- 你所選擇的價值中，現在正在追求的是哪個？無法追求的又是哪個？

- 哪些是你有好好實踐？哪些是你沒有辦法好好實踐的？
- 如果你沒辦法好好遵守這六個價值，十年後你的人生會變成什麼樣子？相反地，如果你能夠好好遵守，那十年後的人生又會有什麼變化？

回答後，請再好好想想。然後在這六個價值當中，選擇在你人生最後一個瞬間，你想留下再走的兩個價值。這個問題意義重大！選擇出你想要的東西之後，實踐的機率就會變高。當然，你若都不實踐，人生也不會有所改變。

## 沒有實踐，如何改變？

接下來，請跟著下列問題一起制定計畫吧。假如人生認為重要的兩個價值是「健康」與「富有」，就用這兩個詞彙寫一個句子，例如：我是透過健康實現財富的人。

此時，如果你有認定的榜樣，想想那個人然後試著開始計畫，接著只要回答下列剩餘的問題即可。計畫實踐的時間長短可以依據個人決定，如果該價值的特性屬於難以一次推進的類型，每三個月輪流實踐各別價值也不錯。

以下問題，就是制定實踐計畫前要做的事。

一、在具有價值的人生中，你想挑戰的是什麼？選擇兩樣。
二、上述兩樣價值中，哪一個你可以立刻付諸實踐？
三、要花幾個月實踐？
四、如果實現了，你會有什麼感覺？
五、成功實現後，你認為周遭的人會怎麼評價你？
六、這個結果對你而言還有其他的意義嗎？
七、你想對了不起的自己說什麼話？
八、你認為什麼問題會阻擋目標實現？
九、要怎麼解決這個問題？
十、為了達成目標，有什麼具體的實踐計畫嗎？
十一、你要從什麼時候開始執行？
十二、你會給自己犒賞嗎？
十三、再問一次，你的價值是什麼？
十四、你怎麼知道自己有沒有好好地在實踐？

我遇過一位三十幾歲在ＩＴ產業工作的組長，他向我吐露了自己的煩惱。

「業績不好的話，好像全部都是我的錯，所以我很氣餒。」他說，當這個情緒上來的時候，就會想逃避。他是典型的自卑型金錢模式，也就是被害者型。小時候他的父親特別要求他去學討厭的游泳，如果做不好，就會當場大聲嚷嚷、怒髮衝冠。

「一個男人連這個都做不好？沒用的傢伙！」某一天，父親向他扔擲泳帽並說了重話。在這之後，不論他做不好什麼事，他都經常會有這樣的想法：「我連這個都做不好。」

我問了這位組長：「什麼時候讓你最有成就感？」

「嗯……，我有騎腳踏車在歐洲旅行的經驗，應該是那個時候吧。」

「成功實現腳踏車旅行的時候，你感覺如何？」

「我真的很自豪。」

「你想對自己說什麼話嗎？」

「你也有做得好的事，這世上沒有不可能。」

對於能量為負的人而言，透過成功的經驗將其轉換成正能量非常重要。諮商中，透過建立價值觀與回答制定計畫的問題，可以重新樹立這位組長的價值觀。他在跟我討論後，決定再重新挑戰一次游泳。他決心重新嘗試那個因嚴父犯錯，讓他痛恨至今的運動項目，以消除自身的自卑感。

隔週，他帶來了游泳池的上課證，然後問我：「所長，你知道我這週在公司怎麼了嗎？」他史無前例地鼓舞了團隊，不知道是不是因為這樣，業績還不錯，他因此漸漸在公司裡成長為一個有用的領導人。

## 「多重來源」保障收入，別傻傻靠死薪水

我遇過一位為了參加會議，以講師身分從美國隻身前來的牧師，他的收入來源足足有十幾樣之多。我當下第一個反應是：「牧師嗎！」這是出自於牧師不能賺大錢的既定觀念。

但他這麼對我說：「我出生在這片土地就是為了過豐盛的生活，在這當中當然也包含財政狀況。」

美國牧師透過事業、演講等各式各樣的工作賺錢。我一直以來都認為宗教人士的收入有一定限制，但該牧師卻表示並非如此。而且他努力賺錢，還救濟了那些受毒品折磨的貧民區青年，這就是所謂「不被金錢迷惑內心的資金結構」。還有，有錢人絕對不會讓自己只有單一收入來源。

遇到這個懷有驚人故事的牧師之後，我才開始回顧自己的收入來源。我長期以來的收入來源都只有一個，兒時我的父親也是如此。我們家是單薪家庭，父親是小學教師，所以我們家的收入當然也只有父親的月薪。自然而然，我也產生了「錢應該由父親來賺，收入來源只有一個」的先入之見。

先前已經解釋過數次，成長時的所見，對我們自身而言就是全部，但是它只會持續到我們改變模式之前。我也因為熟悉從父母身上所學的金錢模式，所以毫不遲疑地用一樣的方式持續生活著，一點都不懂有錢人的秘訣。

有一陣子我一個月可以賺入幾千萬韓元，但我為何沒有利用這樣的收入去積極投資在能夠創造財富的地方呢？仔細探究才知道是因為我認為「勞動才是唯一收入來源」的死板偏見。我的腦袋根本沒有召喚金錢、透過投資讓自己增值的想法。早點知道的話，我就會投資其他收入來源，也就不會因為金錢感到不安而導致夫妻爭執了。

## 你有幾個收入來源？

如果想要拓展收入來源，應該怎麼做呢？接下來讓我來說幾個值得參考的案例。

那個人剛開始只是一個普通上班族。他是我的大學友人，有兩個收入來源。他平日上班，週末經營農場。他把有機栽種的藍莓放上網銷售，雖然不是什麼鉅額收入，但是比起單一收入來源的人而言，經濟狀況比較好。

我問了友人是出於什麼想法才會在上班的同時，也想去做其他工作。我在想他會不會回答「我父親平常是公務員，但週末會去種田」，果不其然，友人也是自然而然地學習著父親的生活模式，認為有兩個收入來源是理所當然的。

第二個案例是地方上的中學教師，他同時經營著太陽能板的事業。教師通常四到五點就下班了，而且還有寒暑假時間，所以比起普通上班族，時間更加有彈性。他投入心力在太陽能發電上，在鄉下買了一塊適合太陽能板事業的地，設置太陽能板獲取收益。他的收入來源雖然也是兩項，但是比起第一個案例來說，是屬於非常積極投資的類型。因為這個投資，所以他的收益很有可能會更高。

第三個案例是基金管理人。我這位朋友在公司主要的工作是投資股票、基金，但下班後他則投資房地產。每個週末去參觀樣板屋是他的興趣，後來他乾脆直接蓋一棟多戶型住宅當起了房東，每個月有三百至四百萬韓元的租金收入。再加上他會舉辦小型演講傳授自己的秘訣，也正在編輯相關的書籍。現在收入來源有薪水、房地產、演講費，未來還會增加販售書籍的版稅，總共四項。

現在的你在賺錢吧？或是你的家人中應該也有人正在賺錢。你究竟有幾個收入來源呢？請看看下述有哪幾個，可能可以成為你的收入來源——

- 從父母身上繼承
- 從工作上獲得

- 從事業上獲得
- 投資房地產
- 投資股票
- 獲得書籍編輯版稅
- 獲得演講費用
- 從知識產權上獲得
- 透過金融獲得

大部分的人應該都會想說：「除了薪水以外還能有什麼其他收入？」聽完這些可以賺錢的其他收入來源，不覺得驚訝嗎？也許裡面也有自己可能可以從事的選項也說不定。

## 善用專長，擴增收入來源

你想要從幾個地方獲得收入呢？決定好這個問題，就會開始改變從父母身上繼承而來的收入來源慣性了。演講費、版稅、租貸收入、金融投資收益、製作權收益等，請至少創造三個以上的收入來源吧。

只要你願意，隨時可以拓展收入來源。從你想做的事、擅長的事上著手增加吧，就算當下沒有辦法創造高收益也沒關係。一個一個開始打造通路，某一天就會獲得富足的收益。

下列是對於打造收入來源過程有所助益的問題，我在此將「獲得版稅」當成假設性目標。決定一個收入來源後，跟著問題一起制定計畫，然後實踐它吧！再怎麼優秀的計畫，如果沒有付諸行動也是無用武之地的。

以下就是「打造收入來源需知的問題」。

一、你想挑戰什麼？

為了版稅編輯一本書。

二、你想在幾個月內挑戰完成？

兩個月。

三、如果成功實現你會有什麼感受？

很帥氣。

四、如果成功實現，你覺得他人會怎麼看你？

謝謝我寫了一本那麼好的書。

五、這個結果對你而言有其他的意義嗎？

增加了一個收入來源，也很開心能對某個人的人生產生助益。

六、想對了不起的自己說什麼話？

沒錯，我果然可以辦到，下一次我也能做得很好。

七、你認為什麼問題會阻擋實現？

延宕。

八、要怎麼解決這個問題？

找出版社立刻簽下合約。

九、你要從什麼時候開始執行？

今天立刻（二〇××年××月××日）。

十、你會給自己犒賞嗎？

我會帶著母親回去母親的故鄉。

十一、我再問一次，你是誰？

我是能夠恢復個人整體性的人。

當你打造出另一個收入來源，你就會開始行動，我自己就是最佳案例。長期以來都只有單一收入來源的我，在知道這是錯誤的金錢模式之後，開始打造其他收入來源。演講費、諮商費、透過平台獲得的收入、版稅、租金、透過媒體獲得的收入等，我的收入來源現在已經非常多樣。雖然還不是具代表性的有錢人，但我相信收入來源變多之後，一切就會慢慢有所改變。

我還有一個在金錢模式課程中聽取了增加收入來源建議，然後積極實踐的最佳案例——他是一名企業諮商專家，至今他除了諮商費用以外沒有其他收入來源。在聽完我的課程後，他用六個月的時間存到三千萬韓元，開始經營Share House*。

他跟我說：「所長，雖然還沒有太高的收益，但光是多了一個新的收入源這件事，就讓心裡感到很踏實，好像開始相信自己的財務正在往好的方向改善了。」

現在輪到你了！今天就是改變「只有單一收入源」的窮人金錢模式的時候。一下子想賺大錢很困難，但就算只是微小的收入源也好，找一個具有潛力的地方實踐吧。

中國人有句話說：「不管再小的事，只要持續盡心努力十年，也能成為大事。」想要大獲全勝，就必須從小的勝利開始累積。從小事著手，現在立刻行動！

＊編註：可租貸個人房間，並和其他住戶共享公共設施的共租公寓，大多由管理公司經手負責。

第五章

# 三步驟啟動「致富錢流」，花掉的錢加倍流回來

金錢會循環。如果要用一句話形容獲得財富的方法，
就是投入名為金錢的能量潮流，然後「好好地」沉溺於其中。

—— 勵志專家 尤爾根．許樂（Jurgen Holler）

## 言語「刻印效果」，讓富足夢想變成真

在創造財富的富人金錢模式背後，藏著「以新心態、新想法行動，就能變得富饒」的原理。我們的思維具有能量，窮人的思想就創造窮人，富饒的思想就創造有錢人，選擇完全取決於你自己。你是只想要享受現在的安逸；或是為了未來的安逸，即便現在不安逸，也選擇改變——這些都取決於你自己。

但是千萬不要忘了，現實都是來自於你選擇的想法所創出的結果。

### 跨越思考侷限的奇蹟

以前很多人都會說，出生怎樣就過怎樣的生活，那是因為他們認為天生的腦袋無法被改變。但是根據腦科領域的研究指出，事實並非如此。腦袋是可以改變的，最具代表性的案例就是英國倫敦的計程車司機。

腦科學者觀察倫敦計程車司機的腦部，發現他們掌管記憶力的海馬迴特別發達。海馬迴是厚度大概一公分，長度約五公分的小型器官。人類的腦部並不會記住所有情報，因為全盤接受

資訊量會太過龐大，所以其實反而大部分都會被遺忘。這個時候，選擇哪些情報要留在腦中的，就是海馬迴。當海馬迴判斷出「這個情報很重要，必須留在記憶中」，這個情報就會被移到腦內一個叫做大腦皮質的地方，長期保存。

行駛在固定路線上的公車司機，與海馬迴發達的倫敦計程車司機比較時，腦部狀態較為普通。研究發現，這個海馬迴的區別來自於倫敦的計程車登記證考試。在倫敦想要拿到計程車登記證，是比登天還難的事。因為這個考試必須記下兩萬五千條以上的道路才得以通過，非常困難。如果想要通過考試，足足得花上三到四年的時間。歷經這個嚴厲的過程，通過考試的倫敦計程車司機們，就算沒有導航，不管是什麼路他們都能找出來。

就像這樣，我們的腦會越用越發達，我們的思想也是。在你的腦海中一直不斷浮現的那些想法，有很高的機率就是你人生的結果。

你最常有什麼樣的想法呢？讓我來告訴你們一個關於思想的重要歷史案例吧。

長時間以來，人類都認為四分鐘內要跑完一英里（約一．六公里）是不可能的事。回顧一英里的跑步歷史，一九二三年帕沃．努爾米（Paavo Nurmi）選手創下了四分十秒零三的世界新紀錄，該紀錄僅僅比之前的世界紀錄刷新了兩秒，而這期間足足花了三十七年。

後來，英國牛津大學醫科生兼田徑選手的羅傑．班尼斯特（Roger Bannister）在一九五四年五月六日大學田徑隊與業餘體育協會舉辦的比賽中，以三分五十九秒四跑完了一英里，四分鐘的高牆從此瓦解——從努爾米選手刷新紀錄以來，已經又過了三十一年的歲月。這個消息很快在全世界沸騰，在媒體訪問中，班尼斯特選手說：「我活用自己所學的醫學知識，訂下每十六分鐘必須縮短一秒的目標，就是我的成功秘訣」。

更驚人的事還在後頭。自從他刷新世界紀錄以後，不過幾個月的時間，全球足足有二十三位選手都在四分鐘內跑完了一英里。這是由於班尼斯特選手達成紀錄以後，人們的心理設限終於被打破了。當我們發現不可能的事其實有可能的那瞬間，數十年以來無法跨越的高牆，突然間就每個人都可以跨過了。

## 用語言改變思維的「宣示效果」

如果不能跟隨想法生活，那就跟著生活思考吧。人們如果不經思考過生活，那就會一直跟隨著慣性的心理模式、行為模式行動。本書到目前為止已經教你透過很多過程了解自己是依照什麼樣的心理模式在行動，現在就是探索變化的時刻了。我為了對抗如慣性般出現的想法，都會向自己的想法宣示，直到紮根在我思想裡的潛意識改變為止。

為什麼宣示很重要？因為我們隨時都可能因環境失去自己的力量，許多人光看著環境就感覺自己太過脆弱。但只要去宣示，不知不覺間，你坐在那裡就會成為一件理所當然的事。宣示可以改變潛意識，並讓你與無限的可能性產生交流。

心理學者把此稱為**「宣示效果」**（Announcement Effect）。據此理論，你只要對自己以言語宣示，就能夠讓思考慢慢轉變成前進方向。單純的吶喊是行不通的，要正面、反覆、經常地，描繪出歷歷在目的形象並進行宣言。

特別是**「正面」**這點非常重要，因為人類的腦部有無法辨識否定語句的特性，例如：聽到「不要想起禿鷲」，腦海中就會立刻想到禿鷲。所以說「不要做……」、「不做……」這類的宣言是沒有用的。如果你想戒酒，不應該說：「我不要喝酒了。」相反地，「我要戒酒」這樣的宣言會更合宜。

下述是我的宣言，提供你參考——

- 我是能夠管理與掌控金錢的人
- 來找我的金錢會十分充足
- 我享受的一切都是應得的
- 我有足夠的智慧創造金錢
- 金錢的能量每天都會向我傳來

- 我有能力獲得財物
- 我失去的、種下種子卻無法開花結果的金錢，都會加倍歸來

我反覆利用這類宣言，以言語的力量改變思維。若用發生在我身上的事來舉例，一九九七年我開始了韓國國內最早的笑容治療。這對他人而言是非常生疏的領域，因此我經常被問：「什麼？研究笑容？真的嗎？」即便在那種狀態下，我也對自己宣示：「我會寫出一本書，然後總有一天會上電視。」

我不僅自己在心裡這麼說，我也會對旁人這麼說。「哪來的後台讓你又寫書又上電視？」儘管這是人們最真實的反應，但是我仍然不氣餒，繼續我的宣示。結果如何呢？我說要出書，就有出版社來邀稿，然後收到電視台邀請我上節目。這麼做之後，到目前為止我已經出了十本書。也出現在KBS、MBC、YTN新聞與《SBS Special》的「關於笑容的特別報告書」、KBS《晨間庭院》等節目。

就像這樣，宣示具有爆炸性的力量。如果你也有想要獲得的事物，那就宣示吧。宣示一定可以幫你實現願望。

再聽另一個例子吧。一位來找我諮商的人，向我吐露了自己的煩惱：「三十年前我在巨濟

島買了一塊地，但是從幾十年開始，不管我怎麼費盡心思想賣，都賣不出去。如果能把那塊地賣掉感覺我就能鬆一口氣，這真是太悶了。」

那個時候我回答了什麼呢？

「試著宣示要把那塊地售出吧，然後抓一個星期內要賣出。」

也許對某些人來說，這是很荒唐的解決方法吧。但是宣示真的具有力量。總之，來找我諮商的他認為，宣示一下也不會吃什麼虧，所以就照著我的話去做了。其實他當時在經濟上屬於比較緊迫的情況，甚至連諮商費都說要等到他有錢再付給我。

「一週內那塊地就會賣掉！」委託人跟我一起這麼宣示，然後一個禮拜過去……。

「所長，奇蹟發生了，那塊地賣掉了！」拿著三百萬韓元的諮商費前來的委託人，再三表示感謝。

像這樣對別人而言很罕見的奇蹟，經常發生在我的身上。真的要認真舉例的話，可真是說也說不完。

我希望奇蹟也能夠發生在你身上。若有想要實現真切期望的心願，現在就立刻宣示吧。只要這麼做，你的大腦、想法、心理模式、行為模式與金錢模式都會跟著改變。絕對不要放棄，宣示吧！

## 以「想像」實現「目標」

有一個能最快達到目標的方法，就是每天在腦海中想像成功的樣子。但是聽到這句話，人們往往會出現這樣的反應：「我也知道啊，我從以前就聽說到現在了。」

於是我問：「你的目標與夢想究竟在哪？可以給我看看嗎？」

人們都誤會了，他們只把目標與夢想放在腦海裡，卻沒有實際將其握在手中。沒有實踐的事物，就還不是真的。

聖經裡有這麼一句話：「你們無法得到，是因為沒有尋求。」

沒錯。渴望卻不去尋求，表示你並非迫切想要，只是「有很好，沒有也沒關係」而已。

所以我寫下了二十三個目標，把他們放進手機殼裡帶著走，每天宣示。因為我是基督徒，所以目標裡混合了一些基督教用語，希望其他宗教信仰的讀者能夠諒解。就算你信仰其他宗教，也請不要因此就放棄改變。好，現在就來公開我的目標了。

一、我與主很親密

二、我投資的事物都會翻倍回饋

三、我是金錢模式專家，韓國第一名權威

四、我們家會以每坪三千萬韓元價錢售出
五、充分補足辦公室入駐費用
六、在中國投資的事業解套，從二〇一九年開始獲得分紅
七、在各個城市成立五層樓的療癒中心，地下室是健身房、一樓是健康茶咖啡廳、二樓是醫院、三樓是心理諮商所、四樓是教育室、五樓是健康餐廳與禮拜室
八、我的收入來源有七種以上
九、我的視力是一・〇
十、會有最適合的人出現來幫我行銷
十一、我的月收入以億（韓元）計算
十二、我將另一半服侍的很好
十三、我的另一半很辛勤
十四、不管是失去、被奪走、無從得知或是種下種子卻無法結果的金錢們，都會回到我身邊
十五、在人生、理性、關係、財政上，培養兩百位令人驚豔的下一代
十六、補齊所有學校需要的土地、老師、財政、內容、恩寵、能力、卓越程度

十七、綠化帶解除，有可以蓋學校的地釋出
十八、我的臉蛋、關節、皮膚、免疫力、體重都和三十歲一樣
十九、三個子女都體驗過聖靈，在各自的蒙召中成為有能力的人
二十、只要祈禱，奇蹟就會發生
二一、在六個月內體驗愛火
二二、我是將上帝的答案傳遞給痛苦之人的人
二三、我是個喜歡分享的人

## 「宣示效果」增益法

宣示可以喚起我們內心中沉睡的潛意識。跟著我一起制定要宣示的目標吧，雖然有時候也會發生「沒有實現就無疾而終」的狀況，不過這種時候只要宣示就能夠戰勝挫折。留意下述三項，然後宣示吧。這麼做能夠讓能量更快地被牽引至你身邊。

第一點，**想像畫面然後宣示**。愛因斯坦說過「想像力比知識更重要」。當你在宣示每個目標的時候，也在腦海中想像畫面吧，如此一來效果會更加倍。人類具有五感，並且會透過感覺

來接收外部的情報，然後把接收到的情報處理完，以此為依據來做判斷。根據認知科學的研究，人類是透過八〇％視覺、一〇％聽覺，以及一〇％嗅覺、味覺、觸覺來獲得情報。從視覺上獲得的情報是壓倒性的多數，因此把宣示的目標視覺化非常重要。

試著找到和目標相似的影像吧。不管是照片還是圖片，只要看到栩栩如生的影像，人體就會有所反應。這是一種添加經驗的過程，所以會讓宣示更有效果。在我的目標中，有一項是要建立一所療癒中心。我找了一張跟以後想蓋的療癒中心相似的建築物照片，把它黏在了書桌上，經常看它來刺激自我。你也把目標寫下來，貼在顯眼的地方吧。既然要做，就把它貼在書桌上的電腦螢幕、盥洗台前的鏡子、冰箱、玄關門等，這類目光經常停留的地方。

親手寫下目標會更好，讓我教你們一個秘訣吧。

你的電子憑證、個人網站設定的密碼是什麼？輕易能想起來的生日？身分證字號或學號？試著把你的目標當成密碼如何？如此一來不用刻意騰出時間，也能每天反覆自我咀嚼目標。以我為例，我連把孩子的電話存進手機裡，也不會只寫「兒子」、「女兒」，而是把他們存成「企業家兒子」、「政府領袖小兒子」、「恩寵女領袖女兒」，我這麼做已經超過十年。

第二點，**帶著耐心持續宣示**。從父母身上繼承的窮人金錢模式，是經過很長時間反覆接觸錯誤金錢模式後產生的結果。想要利用宣示改變既定的框架，一樣也需要持續、反覆的作業。

如果只是做一、兩次就結束，會完全沒有效果，你必須要花時間直到它被刻印在腦海裡。

這在心理現象中被稱作「言語的刻印效果」（Stamp In），意指經常說的話語會像刻骨銘心般，強力地被刻劃進腦海裡，最後在現實中產生一樣的現象。用一句話總結就是——把話語變成了長期記憶。

人類二十四小時內會忘記八〇%從外部接收的情報，這是短期記憶。至於長期記憶，則是透過類似倫敦計程車司機考試那個過程，把資訊變成一輩子的記憶。

反覆地宣示跟以前不同的想法吧，這是一種學習。如此一來，你就會創造長期記憶，而非短期記憶，並從窮人金錢模式轉換成富人金錢模式。

第三點，**大聲地宣示**。人們在大喊時，會使大腦潛意識有更深刻的變化。精神健康醫學專科醫生禹鍾敏博士的著作《Thymos 失蹤案件》*裡，就出現這樣的台詞：「你必須知道平常說的話很重要。『煩死了，我每天都是這樣！』若經常說這種話，它就會經過我們的聽覺器官被輸入至大腦裡。接著強烈的壓力荷爾蒙就會不斷分泌，造就自己真的非常煩躁的狀態。『一語成讖』這句話，是非常科學的。」

沒錯，就是「一語成讖」。只要放聲宣示就會產生自信，我聽到了、世界也會聽到。成功的開始來自於自信，你只要打造自己的相信體系，奇蹟就會發生。

我的妻子非常了解這個原理，所以有些話她絕對不說。像是「生病」這句話。因為關節的問題，有時候真的很痛苦的她，連在那種時候都不會開口說出。因為只要說出「生病」，事情就會成真。

你覺得她生病明明是不爭的事實嗎？但是我的妻子反而這麼說：「生病不是事實，健康才是事實。」

妻子總向外宣示自己很健康，神奇的是，幾個小時後那些痛苦就會散去。

這僅僅只適用於健康嗎？不，錢也是如此；人際關係也是如此。把你的目標與夢想宣示為事實，然後當作像是實現了一般。如此一來，你就會產生吸引它的正面能量，最後，你就會親眼看見目標實現的樣子。

---

＊《티모스실종사건》，한국경제신문사出版，二〇一五。

## 控制負面情緒，好運自然跟著來

你有過上一秒心情好到難以言喻，下一秒卻突然跌到谷底的經驗嗎？曾經因為在一天內感受到數次情緒起伏而疲憊嗎？也許你在生活中也已感覺得到，只要控制好情緒，人生就會很順利；只要能控制好情緒，就連職場的溝通與人際也會很順利；只要控制好情緒，就會有更大的幸福朝你而來。

著名公司皮克斯（Pixar）經營哲學的其中一項，名符其實地就像個知名動畫公司——**「嚴肅的人最後會得到懲罰」**。

在皮克斯裡創作出《超人特攻隊》、《料理鼠王》等作品的布萊德·博德（Brad Bird）這麼說：「雖然電影預算書裡沒有這個項目，不過影響預算最大的因素就是員工們的士氣。若士氣低迷或負面，花一塊美金頂多只能獲得二五％的價值；相反地，士氣高昂且正向時，一塊美金就能獲得三塊的價值。企業應該多花一點心思在提高員工的士氣上。」

這樣的世界級公司，已經將情緒視為經營的主要成分來管理。而能夠讓情緒成長的力量，確實可以被視為是「將利潤最大化」的力量。

## 破解內心「假寂寞」，找回健康情緒

在金錢模式中，情緒很重要，它直接地連結了能量。人們經常問笑瞇瞇的我：「要怎麼樣才能像所長您一樣笑著生活呢？」

其實，使我真正改變的原因，並非那些「值得微笑的事」。而是更加地根本——因為我解決了長年以來一直折磨著我的孤單和自卑問題。面對提出問題的他們，我總抬頭挺胸地說：「只要改變那些你誤以為自己改變不了的情緒，讓它變成更好的情緒就可以了。」

為了找到不斷動搖自己的那份情緒，我們在前面已經了解過窮人金錢模式，有——因為內心委屈，想要一次出手全部解決的「衝動型」；因為寂寞而招致金錢損失的「耳根子軟型」；因為兒時恐懼緊握金錢，最後導致後悔的「完美主義型」；自卑，認為只有錢會守護自己的「被害者型」；不管到哪裡都要將支配權握在手中才能感覺到存在感的「爭取型」。

就算現在你還處在窮人金錢模式中，你的內心肯定也存在著尚未被喚醒的健康情緒。我也是如此，自卑感和孤單不斷動搖著我，所以我為了填補缺乏的欲求不斷花錢，為了獲得肯定過於依賴他人。為了戰勝它們，我從做過的事當中，找出自卑感與孤單。我誤以為它們是我自身的情緒，但在這之後我才覺悟到與此相反的情緒，才是「真正的自我」。

我告訴自己：「原本的我，就是一個還不錯的人。」「我是一個充分被愛的人，就算將愛分享給他人也不會感到不足。」

於是「自給自足、愛、滿足」成為我人生的新標準。我認識到這些才是我原本的情緒，我確定「自卑與孤單」這兩個本來動搖我的情緒，再也不屬於自己。我知道健康的情緒才是我自身的情緒，於是再也不為過去的情緒而花錢了。

我們的情緒有分正向與負向，從中可以衍伸出做得到的可能與辦不到的不可能。你真正的情緒是什麼？靜靜地檢視自我，找到藏在情感深處的潛在情緒吧。雖然不過是件簡單的事，但正是這股潛在情緒在對心理模式與行為模式產生巨大影響，才改變了你的金錢模式、人際關係、工作，甚至健康，所以你一定要找出它。

現在我內心有足夠的愛可以分享、有熱情可以幫助任何人、夠細心能解決他人的問題、有力量能朝共同體前進。我相信不論多寡，你一定也能擁有健康的潛在情緒。

## 人際有原則，擺脫壓力不委屈

人為什麼會有負面情緒？其中最大的原因，就來自於**人際關係的壓力**。

我進行療癒講座已經二十幾年，至今體驗過兩天三夜講座的人數超過一萬人。雖然曾與這麼多人持續地溝通、交流，可是人際關係怎麼說來都還是不簡單，因為每個人的成長背景、環境、個性都不相同。身為他們領導人的我，為自己制定了一個原則。我認為這麼做好像才能在沒有壓力的狀態下建立良好的人際關係，帶領自己前進。

下面正是我所制定的「人際關係十大原則」——

❶停下手邊的工作，對待他人
❷一天至少要笑十五秒以上再開始這一天
❸不要被一個人的話所操控
❹先打招呼
❺就算只是電話也要笑著接聽
❻心情不好時，盡快大笑、擺脫它
❼在車裡聽笑容CD，選擇最棒的心情
❽認識他人，包容他人
❾不管對方是誰，都要看他的優點
❿盡可能給他人面子，肯定他人

跟著上述的標準做，就可以維持情緒的平穩，更開心地與人交流。好的人際關係可以讓悲傷減半，讓幸福和開心倍增，還可以獲得有益的情報。如果你在人際關係上很辛苦，請跟我一樣訂出一個標準吧。人際關係變好，好事也會跟著發生。

曾經有位設計師來找我諮商，她明明是很有才華的人，卻已經年過三十五還都沒辦法好好展現自我，對話後我們發現她的內心充滿委屈感，原因來自與母親的關係——小時候母親總是不斷拿她跟哥哥比較，然後置她於不顧。

「就算一次也好，我真的很想聽到母親親口跟我說『對不起』。」諮商後，她鼓起勇氣去找母親，說出了深藏在心裡的話，母親也真心向她道歉了。

這件事成為了契機，讓她內心的委屈開始消失，而她設計的作品也隨之開始發光發熱，創作出了具有搶眼色彩及出色想像力的作品。遲至今日才發揮實力的她，突然之間受到了許多人的認可。想成功嗎？想擁有富人金錢模式嗎？那就保持卓越的情緒吧。

## 「情緒挫折」如何修復？

你體內的哪個情緒會帶給你活力？什麼情緒又會讓你感到挫折？如果你老是掉入負面情緒之中，內在的力量就無法被發揮。舉例來說，許多沉浸在孤獨裡的人，本來是應該透過廣闊人脈獲得好情報的，但卻因為孤獨感而執著在一個人身上，阻擋了有用情報。負面情緒常會被用在這種不好的地方，但前來諮商的人們當中，大多數都無法調適自己的情緒，反而常把自身情緒交付在環境或他人身上。

每天選擇可以帶給自己活力的情緒，讓使你陷入挫折的負面情緒消失吧。可以帶領人生充滿活力的情緒有哪些呢？

希望、開心、感謝、熱情、愛、信任、溫柔、溫暖……等。請先想像一下穿上這些情緒外衣的你吧。

每當我出現負面情緒，我都會閉上眼睛想像自己穿上健康情緒的樣子。例如：當我內心打抱不平的時候，我就會閉上眼撫摸感謝的衣襟，然後穿上這件衣服。雖然不過是個沒什麼的想像，但是透過這個過程，就可以阻止自己被不健康的假情緒給擺佈。窮人心態浮現的時候，我也會撫摸富裕的衣襟，接著穿上它宣示：「進來我這的金錢很充足！」

宣示之後錢不會馬上進來，但是你將不會再因金錢而動搖，這就是富人的心態。而金錢的能量，待與你的頻率相符時就會自動到來。

## 改變窮困的「勇氣」

前面曾提過霍金斯博士的能量地圖，表內「勇氣」的意識等級位於意識能量二〇〇 Lux 的位置。如果想要變得幸福，意識等級必須超過三〇〇，而這個起點就是勇氣。為什麼呢？因為想從負能量走向正能量的交叉口，需要的就是**「勇氣」**。

要前進富人金錢模式，最需要的就是勇氣——拒絕過去的勇氣以及接受新事物的勇氣。如果沒有勇氣，就只能在恐懼中反覆做出一樣的行為，過著毫無變化的人生。勇氣的以下三個特徵，扮演著改變我們思考框架的角色——❶勇氣能讓你重新開始；❷勇氣具有感染力；❸勇氣會訓練我們前往富人金錢模式。

曾有一位在京畿道廣州蓋建物開咖啡廳的友人，在搭建時期徵求了我的意見：「所長，我要蓋一間七十坪的建築物，您可以介紹建商給我嗎？其實我馬上可以拿出來的錢有點不夠，不知道可以嗎？真的拜託您了。」

看著處境危急的他，我想起了以前的事。我曾因為裝潢損失過幾千萬韓元，所以我非常明白選好建商是非常重要的事。我決定介紹給他可信賴的夥伴，所以替他和我認識的建商老闆搭上了線。於是他在沒什麼錢的情況下，蓋了一棟建築物，蓋好之後去貸款付了剩下的尾款。如果他沒有勇於嘗試的精神，這些事情都不會發生。

這個故事並沒有在此結束。這位咖啡店老闆和建商老闆一起工作時，思考體系也完全被改變了。住在堤川的建商老闆幾年前要求住在首爾一億六千萬傳貰房的女兒把錢拿回來，在堤川斥資八億韓元買下一棟六層樓的建物，再以租金償還貸款利息和本金，讓他女兒一夜之間成為了一棟建築物的屋主。咖啡廳老闆聽說後，擺脫了一定要用自己的錢才能賺錢的思考方式，學會了就算沒有本金也能夠創造財富的新思維。

不僅如此，在這個過程中他更產生了新的金錢模式：「原來就算我的錢不夠多，也有方法能夠辦成事。」

開創一個新事業體的過程，就是一個能夠訓練勇氣的絕佳機會。而就如同這樣，一個人的富人模式會對另一個人帶來影響。它能夠對我或是對某個人，產生如浪潮般寬闊的影響力。

# 懂用錢，才不會反被金錢支配

這世上有兩種人——「被金錢支配的人」與「支配金錢的人」。支配金錢的人非常了解金錢與財富間的意義與關係。為了引導你成為支配金錢的人，這本書有「八成」部分都專注於「意識與心理」。那麼剩下的兩成呢？就是要帶領你親身實踐。唯有以行動實踐，錢才會滾進自己的口袋裡。

我知道多數人都會快速提及賺錢的方法，不過就像讀書沒有捷徑一樣，賺錢也沒有捷徑。找到自己適合的辦法熱誠且持續地向前進——人生有很多東西都像這樣，除了愚直的方法以外，沒有其他條路。

倘若想拿到版稅，就要先著手寫文章；如果想要投資房地產，就得先做房地產的功課，然後去現場看地皮和建物；先透過不斷節約和儲蓄，存好投資基金後，再開始準備增值。

換句話說，也就是要累積金融知識。只懂得賺錢，卻不懂得如何管理金錢、要用什麼方法使其增值，這樣是無法成為有錢人的。為了目前深陷於窮人金錢模式的人們，下面將會提出實際能夠讓錢增值的實踐方法。

## 設定「好目標」，發財夢能實現

夢想和目標截然不同。但是卻有很多人一生中，都只抱著希望自己期望的事能夠自然實現的態度在過生活。請你銘記，光有想法是不會發生任何改變的，而是要設定好具體的目標。

去年我也舉辦了一場講座，所有的參與者都想成為有錢人。每個人都想著該如何成為有錢人，以熠熠生輝的眼神專注於課堂當中。我很明白只靠情感是無法成為有錢人的，除了要激勵情感方面，也必須在金錢方面下功夫。所以我安排了一個小時讓他們去設定具體的目標。我要他們在一張能夠夾在皮夾裡、名片大小的紙片上，寫下具體的目標，然後請他們盡量每天宣示這個目標。

令人惋惜的是，在那之後除了極少數幾位之外，很多人都沒有隨身帶著那張寫了目標的紙片，每天宣示的人又更少。

如果你想要明確賺錢的價值觀，就必須訂出一個具體的目標。訂出短期、中期、長期目標，然後計畫自己要賺多少錢——這件事非常重要。

假設你要搭KTX從首爾到釜山，那你就是把釜山作為終點站之後才出發不是嗎？如同這個道理，如果你想要順利地走在這條路上，就要先決定好終點再出發。也就是說，要訂定一個能夠讓你全神貫注的明確目標。如果你覺得立刻要訂出目標很困難，那就試著回答下述四個問題吧。

一、你想賺多少錢？
二、什麼樣的產品或服務可能使該目標實現？
三、關於第一題、第二題，你的具體計畫是什麼？
四、有沒有人可以幫助你？

用確切的數字表達目標吧，就算只是想把債務還清也行，有明確的目標，最後才可能結出美麗的果實。如此一來，即便遇到困難你也能重新站起來，也才能去珍惜一分一毫，為以前毫無想法的行為踩煞車。此時需要注意的是，目標必須符合你現在的處境，如果目標過於遠大，和現實與日常的差異太多，往往中途就會被放棄。

有次，我舉辦的講座中，某位青年在什麼都沒有的狀態下，說出「我想要賺到一百億韓元」這句話。我請青年到講台前面，然後選出一位觀眾，請他扮演「一百億」。在台上這位「一百億」漸漸走向青年，結果青年卻放聲大喊：「等一下，不要過來！」

我問他：「怎麼了？你不是想賺一百億嗎？」

此時青年怯聲怯氣地回答：「金額太大了，我有點害怕。」

於是我問他能夠接受多少金額，這次他回答「十億」韓元。我又從觀眾中選出一位扮演「十億」，然後請他走向青年，這次青年感覺舒服。

他從那之後，就開始把十億作為自己的目標。或許等他的思考容積漸漸擴大之後，也許一百億也是有可能的。所以說，不要一開始就設定虛無飄渺的目標。

擁有目標你就會開始付諸行動。我們不是因為沒錢才偷懶，而是因為目標不夠明確，所以才一直賴在床上。

## 提供產品和服務

意外的是，也有很多人待在原地不動，希望白吃的午餐能夠從天而降，夢想著能夠發生超自然現象。奇蹟不是拿來作夢的，夢想著奇蹟的同時，也要兼備現實中的勤勉。我們很難好好使用奇蹟般從天而降的錢，不論發生什麼超自然現象，錢最後還是會消失。這就跟中樂透的人，不到幾年就失去鉅款是一樣的道理。想要在秋天收成，就必須先開墾土地。

現實的勤勉要以什麼方式體現？這就是產品與服務。「說出你想要的東西，就能夠得到它」、「求而得之」這些話是錯誤的教誨，光想是無法得到的。制定好目標金額以後，一定要找出能夠將其實現的產品與服務為何，真正的財富是透過生產的過程而得來的。

想想 Kakao Talk*吧。這間公司能夠在短時間內成就巨大的財富，就是因為它們擁有符合二十一世紀的產品。在即時通訊軟體瞬息萬變、競爭激烈的時代下，Kakao Talk 提供了免費傳訊息的服務，還有像 Voice Talk 和 Facebook 這類只要透過網路連接就可以免費通話的服務。透過確切的產品和服務建立資料庫後，他們以此開始累積財富。

那麼你有什麼呢？

喜歡房地產就從事房地產也行，身為億萬富翁的現任美國總統川普也是透過房地產和金融產品創造財富的。如果像我一樣，喜歡教育和諮商，就讓它成為自己獨特的產品和服務吧。成為有錢人的必須條件，就是了解產品與為人服務的重要性。

訂定好目標後，就要開始思考如何透過產品與服務創造財富。然後努力去提供更好的商品、更好的服務，如此一來，財富一定會找上你！

## 儲蓄，增加財富的基本

改變金錢模式的過程中，為我帶來最多幫助的書籍是《為神作個有錢人》**。這本書的作者蘇戴．阿德拉哈（Sunday Adelaja）出生於奈及利亞一個非常貧窮的家庭。他拿到獎學金前往蘇聯留學後，定居在烏克蘭。兒時經歷過貧窮的他，在俄羅斯與烏克蘭全境積極地展開了消除貧窮、藥物與酒精中毒治療等社會運動。他的行動獲得肯定，在二〇〇七年受邀於聯合國發表演說。

不僅如此，阿德拉哈還做了令人非吃驚的事，他幫助了兩百位非常貧窮的人，在兩年內成為百萬富翁。他說：「錢，不會流向善良的人，世界上有數百萬善良的人過著貧窮的日子。錢，不會流向受過教育的人，現今有數以萬計的人接受過教育，但他們不過維持著中產階級的生活。錢，甚至不會流向去教會的基督徒，倘若如此教會裡頭早就充滿富有的人了。許多企業家努力維持收支平衡，但是錢卻不會跟著他們的意思走。錢，只會走向那些充分明白金錢法則的人。假若你的心靈還未擁有富饒的意識，那麼錢就不會流向你。」

阿德拉哈也提到支配金錢的方法中，「儲蓄」非常重要。他建議使用下列的階段性方法來儲蓄——

❶把十分之一當成種下的種子捐款

---

＊編註：韓國 Kakao 公司開發的免費智慧型手機應用程式通訊服務軟體，是韓國最普及的通訊軟體。

＊＊*Money Won't Make You Rich*，吳美真譯，以琳書房出版，二〇一四。

❷決定好月薪中要儲蓄的金額，設定自動轉帳
❸絕對不要使用儲蓄下來的錢
❹不要考慮銀行利息，先存到一定金額
❺用儲蓄後剩下的錢進行消費

成為有錢人，不是取決於你賺多少，而取決於存多少。必須有存款，機會到來時它才能投資，因此取收入中的一部分進行儲蓄的習慣，是最重要的。先花錢再把剩下的錢存下來，會很難存到錢，因為實際上根本沒有「多餘的金錢」可以儲蓄，而這就是窮人金錢模式的習慣。相較之下，有錢人會先把要除去的錢分開，接著再進行消費——你都怎麼儲蓄呢？

現在的你必須下定決心，把在銀行儲蓄擺於第一順位，直到達到目標金額為止。然後這筆儲蓄，必須以增值作為其意義。如果不這麼做，等機會真的來了，你就有可能因為害怕而不敢投資。記住，存錢不是目標，增值才是。

## 減少不必要的支出

生活裡總會聽到有人嚷嚷著「我真的沒錢了」，這樣的人該怎麼做呢？答案就是**減少不必**

**要的支出**。

在金錢模式課程中有個人對我提起了這樣的故事：「所長，上完課之後我就一直在思考要怎麼準備好投資基金。我想到方背洞長期以來都有週六市集，所以帶著自己不用的東西去那邊賣，竟然賺到了十七萬五千韓元。」

就算金額不大，但只要找到投資標的就一定有方法。知道 Toss 這個 APP 嗎？那是由牙科醫師創業的公司，雖然不是銀行卻創造了一個可以匯錢跟轉帳的 APP，不僅使用上很方便，還可以連結至小額投資處，這種頗具魅力的服務，讓 Toss 在短時間內賣出了幾百億韓元。甚至被評定有兆元價值，擁有無限的可能性。

如果你的收入並不寬裕，但你下定決心要開始儲蓄一定的金額，那麼唯一的方法就是減少支出。檢查出不需要的花費，然後將支出最小化。例如：改掉兩年要換一次手機的習慣等，也是一種方法。還有，你必須努力根據計畫使用過往總是盲目亂刷的信用卡。

另一位接受金錢模式課程的人，也告訴我一個故事：「所長，在苦惱要從哪裡減少支出的最後，我發現我經常喝連鎖品牌的咖啡。因為每天都一定會喝上一杯，一天五千韓元，一個禮拜就兩萬五千韓元，最後一年就喝了一百三十萬韓元。」

他開始改喝比較便宜咖啡，或是即溶咖啡，然後把省下來的錢拿來儲蓄。古話說「積沙成塔」——可別說現在都什麼年代了，還在說這種話！如果你想存到投資基金，就算是沙也要存下來。如此一來，當日後有好機會找上門，你才有本錢能夠投資，不是嗎？

## 投資訓練不可少，出手前要準備

透過儲蓄存到投資基金後，就是要開始投資。但在這之前，一定要先做好投資訓練。不經訓練就直接投資的話，十之八九會損失所有的金錢。雖說失敗為成功之母，有時透過失敗我們會學到更多，但經常或長時間持續失敗，反而會造成反效果。而且也可能固化窮人金錢模式，當擁有的一切都化為烏有，就會發生完全無法挽回的事。因此投資必須慎重接觸，最好是先進行訓練。

投資訓練之一，就是培養FQ（Financial Quotient，金融智商）。這不僅是指學習金錢有關的知識，還意味著能以合理判斷明智進行的金融生活。還有一項，是將下列的成功投資原理刻印在心——

- 從你熱衷的領域創造金錢
- 強化自己的熱情，努力學習以成為該領域的專家
- 跟該領域的成功人士形成網絡，向他們學習

- 掌握你現有的金錢與房地產，將其轉換成投資基金或資產
- 除了儲蓄外，也設定一個金額開始投資，同時有很多地方能夠進行小額投資
- 創造你的導師或是能夠幫助你的助力者
- 多閱讀跟喜歡領域相關的書籍
- 不要欠債
- 與你的惰性與無知戰鬥
- 學習美元走勢
- 學習世界經濟走勢
- 學習如何根據景氣選擇投資商品

正式進入投資的環節前，有一個特別需要注意的事項——注意，**若獲得過程太迅速，很有可能是詐欺！**

我過去也曾因為心急硬做，而失去大筆金錢。有人把話說得像是今天不立刻投資，機會馬上就會消失不見嗎？這是陷阱。為不損失金錢，一定要注意。

股票投資今天不立刻買，以後就沒有這麼好的機會了？這也是陷阱，而且是錯誤的想法。

有錢人懂得等待，會慢慢觀察情況，就算一時利潤變少，也會看到正確的趨勢後再做投資，因此不容易失誤。

相較之下，窮人總急著在股價看跌時投資並因而失利；反之，急於投資不願等待，結果在不對的時候賣掉——急著吃年糕，當然會噎到。

如果已經不慎失敗，應該要怎麼做才好呢？

你要告訴自己「這不是失敗，而是在**學習教訓**」。正因為獲得了良好的人生教訓，所以我們才不會再犯。不要害怕，只要重新站起來就好了。

## 培養「好人脈」，投資加倍回收

接下來，找到在你想做的事情上，能夠幫助你的人。

我認識一位兄長，他是位身價幾千億韓元的資產家。他透過拍賣一點一滴積累金錢，然後把賺到的錢當作種子基金，透過土地買賣賺了大錢。他事先知道要建造研修學院的情報，並以便宜的價錢購入土地後，等到研修學院一蓋好，就以翻了好幾倍的價格再把地賣出，以賺取其中的價差。

有一天我問了他：「大哥，錢要怎麼賺？」

他豪不猶豫回答：「要先付出給別人，Give是第一階段。」

「不是先拿而是先給嗎？」由於這句話給了我不小的衝擊，所以他特地向我解釋了自己獲取情報的方法。

一探究竟之後，我才知道這背後藏著很多的努力。

當別人給予他好情報時，他會給對方收益的三〇％作為報酬。不管是土地情報或是股票情報，他都會將該情報獲得之收益中的三〇％給對方。擁有窮人金錢模式的人，聽到這段話應該會覺得可惜吧。

「光一個情報就價值三〇％嗎？」不知道過程只知道結果的人，大概會以為他是一夕之間就成為有錢人，但完全不是這樣的。

「原來如此，這世上果然沒有白吃的午餐。」我恍然大悟，我們常常想憑空獲得，且沒有意識到平白獲得的情報，有可能是壞情報。把情報視為全部的有錢人，會以感謝的心把三〇％的收益給情報的提供者，就像開拓出幾千億韓元資產的他一樣。為什麼呢？因為這麼做，下次才能再得到有益的情報。

你也去找到一個能助你一臂之力的人吧，但找到之後，在得到幫助之前你必須要先給予。這些幫助最後就會獲得更大的回報。

## 目標不貪多，巴菲特的成功建議

人生，是決定的延續。而所謂的決定，就是實踐。不論夢想再怎麼堅定，沒有實踐都不會實現。若只有計畫、沒有決定，機會永遠都不會到來。實踐的時候也有技巧，我們所做的每件事都有不同的重要性，請專注在一定要做的事情上。

「先做大事，小事自然就會解決。」這是鋼鐵大王戴爾・卡內基（Dale Carnegie）所說的名言。重要的事往往會決定目標的成敗，所以一定要將其了結。

美國投資家巴菲特，從二〇〇〇年開始拍賣與自己共進午餐的機會。直到二〇一八年六月間，進行買賣的午餐機會已高達兩千九百六十萬美元，等同於八十九億台幣的價值，非常受到歡迎，他將拍賣所得全額捐給貧困救濟團體。

有一次，一位透過該拍賣與巴菲特共進午餐的 CEO 向他提問：「請告訴我最重要的成功秘訣。」

巴菲特請餐廳員工給他一張紙和一枝筆，說：「寫下你平常作為目標的所有事項，然後在其中選出你認為最重要的五個，將它圈起來。」

跟巴菲特共進午餐的他，總共寫了二十五個目標，把其中五個圈起來後，巴菲特問他：「如果要實現目標，該怎麼做？」

「這很簡單吧？只要完成這五個目標，剩餘的二十個在有空閒的時候完成不就好了嗎？」他回答。

此時巴菲特提高音量說：「不對，不是這樣的！你要做的事情是完成這五個目標，在這段期間把剩餘的二十個從你腦海中清除，如果不專注，最後什麼都完成不了。」

專注在最重要的目標上，先把它付諸實踐吧！這是想要改變金錢模式的你，唯一一件必須做的事。

後記

# 健康金錢模式，為富饒人生打地基

過去二十年間，我都在為被癌症或憂鬱症所苦的人們，進行笑容治療與諮商。在這當中我發現**「所有疾病的根源皆來自壓力」**，而造成壓力最大的原因就是**人際關係**。為了解決從關係中衍伸出的問題，我多方學習並研究了心理、精神層面，發現我們內心的深層潛意識中有著就像火車路線般行走，反覆不斷的模式。

對於許多人而言，委屈、孤單、害怕、自卑及好勝心理是很常出現的潛在情緒。這些情緒促使我們更加努力、進步，成為我們想完成某些目標的原動力。當我們無法跨越這些情緒，就會陷入過去的情節，活在負面認知當中。一但變成這樣，不管是金錢或健康，甚至在面對情緒、關係問題時，你都只會以同樣的模式處理。而這些反覆上演的問題，便會讓我們誤以為人生原本就是如此。

事出必有因，問題也一定有解決的方法。我參加了一位友人在國外所舉辦的百萬富翁講座，他每年都可以拿到為數不小的抽成。

在這個講座中最先學習的事物就是**「修復關係」**。他說修復與父母的關係，就是成為百萬富翁的第一步。為什麼呢？因為**錢是一股能量**。如果與父母的關係不好，就會阻斷能量的流動。不管在東、西方，錢都起源於關係。但這個關係是受到兒時與父母之間的關係所左右的。

我在前文裡也提過我與父親的關係不佳，父親對我而言是避之唯恐不及的存在。我與父親的關係影響不僅止於家庭，我發現當自己遇到像父親一樣的上司或同事時都會畏畏縮縮。

人際關係的模式會出現與金錢問題一樣的情況。就像我想避開的父親一樣，錢也是我想避開的存在。就像這樣，從父母身上無法得到的愛、肯定、力量、自由、生存欲望，都會固化成潛在情緒，對我們的舉手投足產生影響。

就算我那段時間裡賺了很多錢，但卻都存不下來。這也要歸咎於兒時認為「賺錢會造成紛爭」的扭曲潛在情緒。那讓我以為如果不想吵架，就要快點把錢花光。在這種模式下，怎麼可能存到錢？就算錢流進來，也只會嘩啦啦地流走。

我的金錢模式是渴求他人肯定的「耳根子軟型」。這類型的人很重視關係，所以不喜歡爭吵且想避開。沒有辦法拒絕別人，借錢出去就拿不回來，連該拿回來的錢都逃避。

改變金錢模式之後，我的人生完全不同了。我意識到自己是用什麼方式討厭金錢，當這個方式在不自覺中發生時，我可以告訴自己「停下來」。我開始跟能夠幫助我自我控制的指點者們密切來往，透過學習開始投資，漸漸錢也朝我匯集了過來，這是保留金錢模式的優點、補強缺點後，所獲得的結果。

正確掌握好金錢模式，想著「能賺錢」吧。如果不這麼做的話，前面賺到的錢，很可能就會從後方溜走。

我寫這本書的原因就是想表達——如果你想賺錢，就必須要先擁有健康的心態。每個人都有享受豐饒人生的權利，也有著創造財富的能力。錢會流向具有健康心理模式的人，而且讓金錢增值的能力也會隨之而生。只有認為自己很幸福、富裕，或相信自己能過這種人生的人，才能真正過上這樣的人生。無法信任自己可以過上富裕生活的人，很可能永遠都無法過得富有。

在幫國、高中生諮商的過程中，偶爾會發現有些孩子會說：「不管我再怎麼努力賺錢，好像都很難買到一間首爾的房子。」但也會有孩子說：「等我賺到錢一定要買一台保時捷，再幫我的父母各買一台。」

會自我限制的人，很難過著具有挑戰性的人生。其實我們的現在，就是過去我們所信所為的綜合體。而未來也是由我們現在所決定的諸多事物組合而成。

我身為一個父母與前輩，十分期盼下一代能夠在健康之餘，於感情、財務、工作、關係中都過著豐饒的人生。也希望孩子們皆能盡情發揮自己的才能，成長為一個能夠改變社會的人。

所以我想對每個看這本書的人說——讓我們一起成為有錢人吧！把包括金錢在內，所有富有價值的人生都一起傳給我們的下一代，願你們能為了未來即將展開的幸福人生而奮鬥。

最後，希望每當你疲憊時，都能想起這句話：**「如果你夢想著什麼，你就要相信它。如果你相信它，你就會得到它。」**

國家圖書館出版品預行編目（CIP）資料

有窮爸爸,你也能變富兒子：啟動「致富潛能」，徹底扭轉錯誤「錢意識」，讓貧窮不世襲、富能過三代的富人心理學 / 李約瑟(이요셉)，金蔡松花(김채송화)作；蔡佩君翻譯. -- 初版. -- 臺北市：方言文化，2020.01
面； 公分 --

ISBN 978-957-9094-55-9 (平裝)

1.成功法 2.理財

177.2 108022142

# 有窮爸爸，你也能變富兒子

啟動「致富潛能」，徹底扭轉錯誤「錢意識」，讓貧窮不世襲、富能過三代的富人心理學

머니 패턴 Money Pattern

作　者　李約瑟（이요셉）
　　　　金蔡松花（김채송화）
譯　者　蔡佩君

副總編輯　黃馨慧
責任編輯　林雋昀
版 權 部　莊惠淳
業 務 部　葉兆軒、林子文
企 劃 部　高幼妃
管 理 部　蘇心怡、張淑菁

封面設計　吳郁婷
內頁設計　莊恒蘭

出版發行　方言文化出版事業有限公司
劃撥帳號　50041064
電話/傳真　（02）2370-2798／（02）2370-2766

定　價　新台幣340元，港幣定價113元
初版一刷　2020年1月22日
I S B N　978-957-9094-55-9

머니 패턴

First published in Korean by The Business Books and Co., Ltd.

Published by arrangement with The Business Books and Co., Ltd.
through Arui Shin Agency & LEE's Literary Agency

方言文化